OPTIGRILL KOCHBUCH

„Grillen mag nicht den Weg zum Weltfrieden ebnen, aber es ist ein Anfang."
-Anthony Bourdain

„Ich lege den Menschen immer ans Herz mutig zu sein und sich immer wieder neu auszuprobieren. Dies bezieht sich nicht nur auf das Reisen und die persönliche Weiterentwicklung, sondern auch auf die Küche und ihre großartige Vielfältigkeit. Und genau dies ist auch die Intention dieses Buches. Kochen ist vielmehr als lediglich eine Nahrungsversorgung. Kochen bedeutet Kreativität, Familie, Liebe und seiner Persönlichkeit freien Lauf lassen. Schließen Sie sich diesem Motto an."

Einleitung - Optigrill

Der Optigrill ist ein elektrischer Grill, den Sie jeder Zeit verwenden können. Die Grillplatten werden über elektrische Heizstäbe erhitzt. Dadurch, dass der Grill somit weder Kohle noch Gas benötigt, können Sie Wetter und Temperatur unabhängig grillen. Dabei misst der Optigrill die Dicke des Grillguts und passt die Garzeit entsprechend an. Durch einen Lichtindikator wird Ihnen der aktuelle Garzustand des Grillguts angezeigt. Dank dieser Funktion ist es möglich Fleisch, Gemüse, Fisch, Sandwiches und vieles mehr auf den Punkt genau zu grillen und zu genießen. Der Optigrill bietet Ihnen außerdem die Möglichkeit besonders fettarm zu grillen, da für die Gerichte kein zusätzliches Bratfett verwendet werden muss. Der Grillvorgang wird durch den intuitiven Grillassistenten sehr erleichtert denn dieser gibt Ihnen Schritt für Schritt an, wie Sie Ihre Zutaten auf den Punkt genau grillen. Mit bis zu 12 automatischen Programmen haben Sie endlos viele Möglichkeiten Ihr Produkt nach Ihren individuellen Vorstellungen zuzubereiten. Der Grill bietet Ihnen sowohl die Möglichkeit das Grillgut scharf anzubraten als auch zu backen oder nur leicht zu rösten.

Die verschiedenen Programme

Das Fleischprogramm

Im voreingestellten Fleischprogramm erkennt der Optigrill selbst welche Dicke das Fleisch hat und passt die Garzeit entsprechend an. So können Sie genau bestimmen, ob Ihr Steak blutig, medium oder well-done gebraten werden soll. Der Lichtindikator zeigt Ihnen die verschiedenen Garstufen an. Gelb =

blutig, Orange = medium, rot = well-done.

Das Sandwichprogramm

Auch im Sandwichprogramm bietet Ihnen der Grill die drei verschiedenen Stufen. Hier bedeutet gelb, dass Ihr Sandwich nur aufgewärmt wird, Orange gibt an, dass das Sandwich leicht knusprig gebraten wird und rot, dass es krossgebraten ist.

Das Burger- und Fischprogramm

In dem Burger- und dem Fischprogramm sind die farblichen Kennzeichnungen ähnlich zu betrachten wie im Fleischprogramm. Hier können Sie individuell entscheiden, wie Sie das Produkt zu sich nehmen möchten.

Das Geflügelprogramm

Auch Im Geflügelprogramm bieten Sie Ihnen drei verschiedene Garstufen, jedoch sollten Sie das Fleisch hier immer grillen bis die rote Lampe aufleuchtet, denn Geflügel sollten Sie nur gut durchgegart zu sich nehmen.

Das manuelle Programm

In diesem Programm können Sie alle Lebensmittel grillen. Es empfiehlt sich besonders für Gemüse und für die Verwendung der Backschale oder der Waffelplatte. Dieses Programm bietet Ihnen vier Temperaturstufen (110°, 180°, 220°, 240°). Hier sollten Sie jedoch regelmäßig prüfen, wie der Garzustand Ihres Grillguts aussieht denn das manuelle Programm erkennt den Zustand der Lebensmittel nicht selbstständig.

Die Backschale und die Waffelplatte

Für die Verwendung der Backschale oder der Waffelplatte ist das manuelle Programm vorgesehen, jedoch sollten Sie hier beachten, dass sich unter diesen Umständen die Temperaturstufen ändern. Die vier Temperaturstufen liegen hier bei 85°, 150°, 190° und 240°.

Die Auftaufunktion

Der Optigrill bietet Ihnen häufig auch ein Auftauprogramm. Mit diesem Programm können Sie gefrorene Lebensmittel vor dem Grillen auftauen. Das Besondere ist, dass beide Vorgänge kombiniert werden können und Sie somit Ihr Grillgut in einem auftauen und grillen können. Der Übergang von der Auftau- in die Grillfunktion übernimmt der Optigrill selbstständig.

Grundlegende Informationen

Pflege und Reinigung

Sie sollten Ihren Optigrill nach jeder Verwendung gründlich reinigen. Nach Gebrauch ist es besonders wichtig mindestens 45 Minuten zu warten, bevor Sie die Platte entnehmen und mit der Reinigung beginnen. Die herausnehmbare Platte und die Saftauffangschale können Sie auch problemlos im Geschirrspüler reinigen, jedoch sollten Sie die gröbsten Fettrückstände zuvor entfernen. Vermeiden Sie die Verwendung von Metall oder scheuernden Mitteln zur Reinigung, denn dadurch kann die Beschichtung der Platte beschädigt werden. Den Deckel sollten Sie nach jeder Verwendung feucht abwischen und anschließend mit einem Tuch trocknen. Die Heizstäbe dürfen jedoch nicht mit Wasser behandelt werden und sollten deshalb ausschließlich mit einem trockenen Tuch gesäubert werden.

Das sollten Sie beim Kauf beachten

Beim Kauf eines Optigrills sind verschiedene Aspekte zu beachten. Darunter fallen beispielsweise Gehäusematerial, Höchsttemperatur, Ausstattung und Leistungsfähigkeit. Um eine Optimale Langlebigkeit zu gewährleisten, empfiehlt sich besonders ein Gehäuse aus Edelstahl, denn dieses ist besonders robust, kratzfest und rostet nicht. Welche Höchsttemperatur der Grill erreichen kann schwankt von Modell zu Modell, die Werte liegen meist zwischen 230° und 290°. Um flexibel grillen zu können und verschiedene Arten von Fleisch, Fisch und Gemüse zuzubereiten empfiehlt sich ein Grill mit einer Höchsttemperatur von mindestens 250°. Außerdem schwankt die Größe der Grillfläche stark, hier kommt es immer darauf an für wie viele Personen Sie den Grill gebrauchen möchten. Erhältlich sind Modelle zwischen circa 370 cm^2 und 800 cm^2. Wer für mehr als drei Personen grillen möchte sollte zu einem Modell mit mindestens 600 cm^2 Grillfläche greifen. Die Ausstattung kann stark variieren, wollen Sie mit Ihrem Optigrill auch Zubehör wie die Backschale oder die Waffelplatte verwenden sollten Sie darauf achten, dass diese mit dem entsprechenden Modell kompatibel sind. Zudem unterscheidet sich die Anzahl der voreingestellten Programme, die meisten Modelle haben 4 bis 12 Programme. Um komfortabel zu grillen, sollten Sie zu einem Grill mit mindestens 6 Programmen greifen, denn diese sparen häufig Zeit und Arbeit und garantieren Ihnen das perfekte Grillergebnis.

Häufig gestellte Fragen

Was kann ich auf dem Optigrill zubereiten?

Grundsätzlich können Sie auf dem Optigrill alles zubereiten was Sie auch auf einem Holz-, Kohle- oder Gasgrill zubereiten können. Der Grill ist universell einsetzbar und er bietet Ihnen verschiedenste Programme für Fleisch, Fisch, Sandwiches, Burger und Gemüse.

Ist ein Kontaktgrill oder ein Elektrogrill besser?

Im Allgemeinen handelt es sich bei beiden Grilltypen um einen Elektrogrill, jedoch hat der Optigrill den Vorteil, dass er geschlossen werden kann und sowohl unten als auch oben mit einer Grillplatte versehen ist, dadurch kann man das Grillgut von beiden Seiten gleichzeitig braten und spart Zeit. Außerdem ist der Optigrill oft kleiner und somit komfortabler einsetzbar.

Was sind die Vorteile eines Optigrills?

Ein Optigrill bietet Ihnen die Möglichkeit in Innenräumen zu grillen und macht Sie somit unabhängig und Ort, Zeit und Wetter. Außerdem ist der Grill schnell einsetzbar und in wenigen Minuten vorgeheizt, dies ermöglicht mehr Spontanität und Flexibilität beim Grillen. Relevant ist außerdem, dass der Grill Ihnen durch verschiedene Assistenzsysteme eine Optimale Zubereitung Ihres Grillguts gewährleistet.

Was sind die Nachteile eines Optigrills?

Für das optimale Grillerlebnis ist ein Elektro- oder Kontaktgrill nicht geeignet, denn dadurch, dass kein Holz und keine Kohle gebraucht werden, entsteht nicht das altbekannte Rauch- und Grill Aroma. Außerdem sind die mit dem kleinen Gerät zwar recht flexibel jedoch sind Sie immer auf einen Stromanschluss angewiesen.

Fleischkunde

Wenn es um Steaks geht, sind viele Menschen mit dem perfekten Garpunkt überfordert. Das perfekte medium Steak ist dabei meistens Glückssache. Durch die Sensortechnik des Optigrills wird die Dicke des Steaks gemessen, wodurch es kinderleicht ist, den Garpunkt anhand des Lichtes zu erkennen.

Grundsätzlich steht gelb für rare, orange für medium und rot für well-done. Somit kann der Finish des Fleisches Ihren Wünschen angepasst werden. In der Graphik unten können Sie sehen, wie die verschiedenen Garpunkte ungefähr ausschauen.

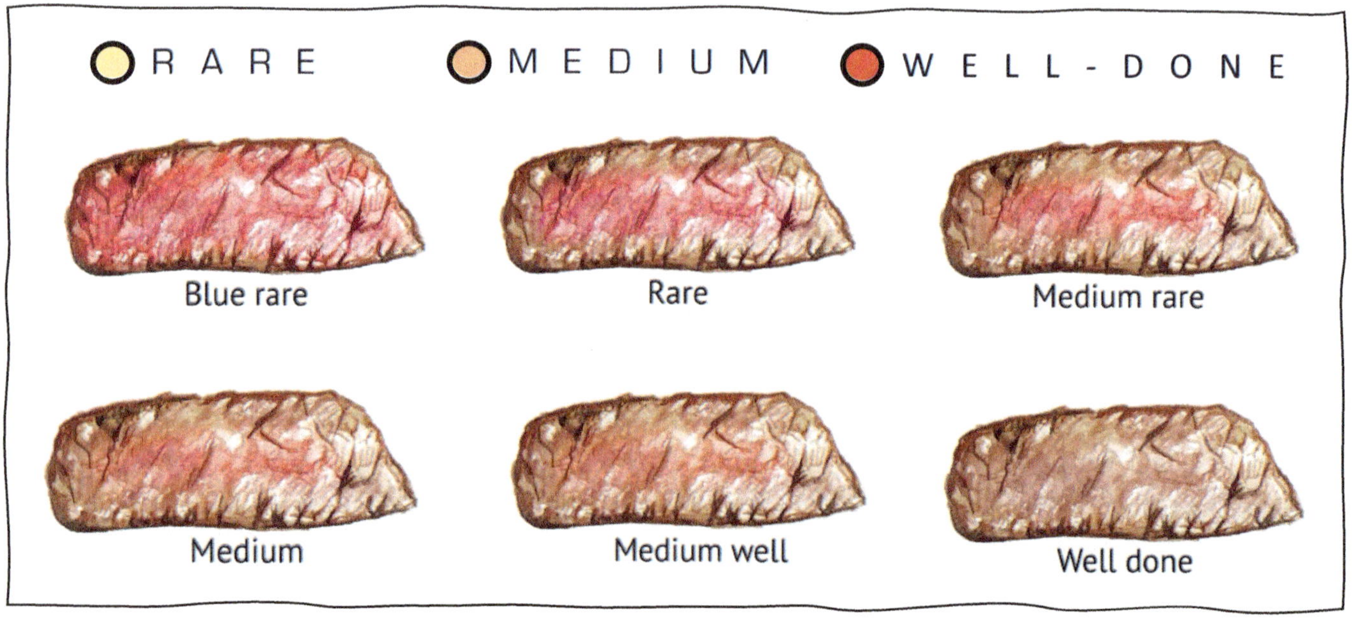

Speisekarte

Sandwiches, Wraps und co
Schinken-Mozzarella Sandwichwich
Gegrillter Hähnchen Wrap
Tomate-Feta Panini
Spinat und Lachs im Wrap
Sandwich Caprese
Panini nach toskanischer Art
Sommerlicher Asia Wrap
Deftige Blätterteigstangen
Sandwich American-Style
Pizzabrötchen Käse-Schinken
New York Club-Sandwich
Herzhaftes Camembert-Croissant

Köstliche Fleischrezepte
Bifteki – griechische Frikadellen
Gefüllte Schweinesteaks
Klassisches Rumpsteak
Gegrillte Hähnchenschenkel
Crispy Chicken Burger
Rib-Eye Steak Honig Chili
Lasagne
Blauschimmel-Burger
Entrecôte vom Grill
Souvlaki – griechische Fleischspieße
Chilenische Hotdogs
Hawaiianischer Burger

Fischrezepte zum Genießen
Dorade mit gegrilltem Gemüse
Mediterranes Lachssteak
Pikante Garnelenspieße
Muscheln in Weißweinsauce *[EMPFEHLUNG]*
Jakobsmuscheln im Speckmantel
Bunter Meeresfrüchte-Spieß
Mariniertes Lachsfilet
Kabeljausticks mit Knoblauchdip
Gegrillte Salbei-Forelle
Jakobsmuscheln in Zitronenbutter *[EMPFEHLUNG]*
Pengasius Thai-Style
Thunfisch im Japanlack

Gemüserezepte
Klassisches Kartoffelgratin
Knusprige Gemüsetaler
Österreichischer Kartoffelpuffer
Parmesan-Bratkartoffeln mit Rosmarin
Mediterranes Grillgemüse
Französisches Ratatouille vom Grill
Bunter Gemüseauflauf
Mariniertes Grillgemüse
Süßkartoffel Pommes
Buscetta al Pomodoro
Italienische Antipasti

Vegane Rezepte
Vegane Burger Patties
Süßkartoffel Falafel-Taler
Japanischer Seitan

Abkürzungen

ml = Milliliter
g = Gramm
Msp. = Messerspitze
TL = Teelöffel
EL = Esslöffel

Sandwiches, Wraps und co

In diesem Kapitel finden Sie viele verschiedene Rezepteideen zum Thema Sandwiches, Wraps und co. Da der Optigrill ein zweiseitger Grill ist, eigenet er sich OPTImal, um verschiedene Kreationen in dieser Essenskategorie zuzubereiten. Falls Sie es also lieben Speisen dieser Art zuzubereiten, dann sind Sie in diesem Kapitel genau richtig. Sie werden verblüfft sein, wie schnell und einfach die Rezepte in diesem Kapitel zuzubereiten sind.

Köstliche Wraps

Sandwiches, Wraps und co

Schinken-Mozzarella Sandwich

Portionen: 2 Vorbereitung: 5 min Zubereitung: 5 min

Z u t a t e n

200 g Kochschinken
100 g Mozzarella
2 Fleischtomaten
4 Scheiben Sauerteigbrot
Frisches Basilikum
Olivenöl

Z u b e r e i t u n g

1. Zunächst sollten Sie den Optigrill bei geschlossenem Deckel auf der Sandwichstufe etwa 5 Minuten vorheizen
2. Belegen Sie ihr Sandwich erst mit dem Schinken, gefolgt von Mozzarella, Basilikum und den Tomatenscheiben
3. Bestreichen Sie das Sandwich von beiden Seiten mit Olivenöl und legen Sie es anschließend, geschlossen auf Ihren Optigrill
4. Nach etwa 3 Minuten sollte das Sandwich knusprig geröstet sein und der Käse geschmolzen

Gegrillter Hähnchen Wrap

Portionen: 2 Vorbereitung: 25 min Zubereitung: 10 min

Z u t a t e n

200 g Hähnchenbrust
1 Fleischtomate
1 rote Zwiebel
1 Handvoll Eisbergsalat
2 Tortillas

½ Gurke
Sauce nach Wahl
4 EL Olivenöl
4 EL Joghurt
½ Zitrone

Knoblauch
Currypulver
Paprikapulver

Z u b e r e i t u n g

1. Hähnchenbrustfilet waschen, trockentupfen und in gleichmäße Scheiben schneiden
2. Für die Marinade Öl, Zitronensaft und Joghurt verrühren und mit einer gepressten Knoblauchzehe und einer Prise Curry- und Paprikapulver vermengen
3. Die Hähnchenbrust mit der Marinade bedecken und für circa 2 Stunden im Kühlschrank ziehen lassen
4. Heizen Sie den Optigrill im Geflügelprogramm vor, während Sie Das Hähnchenfleisch auf mehrere Spieße reihen
5. Geben Sie nun die Spieße auf den Optigrill und lassen Sie die Spieße grillen, bis sie gut durchgebrachten und knusprig sind
6. Nun können Sie das Gemüse waschen, in Würfel schneiden und zusammen mit dem gegrillten Fleisch und einer Sauce ihrer Wahl auf den Tortillas platzieren
7. Die eingerollten Tortillas nochmals auf dem ca. 180 Grad heißen Grill legen und circa 5 Minuten goldbraun grillen

Tomate-Feta Panini

Portionen: 2 Vorbereitung: 10 min Zubereitung: 10 min

Zutaten

4 Scheiben Panini	80g Fetakäse	Frische Petersilie
1 Tomate	1 EL Frischkäse	Salz
Eine Handvoll Rucola	Olivenöl	Pfeffer

Zubereitung

1. Vermischen Sie zunächst den Frischkäse mit circa 1 TL Olivenöl und würzen Sie mit Salz, Pfeffer und Petersilie
2. Waschen Sie die Tomaten und schneiden Sie anschließend die Tomaten und den Fetakäse in kleine Würfel. Währenddessen sollten Sie ihren Optigrill schon einmal auf der Sandwichstufe vorheizen
3. Bestreichen Sie nun die eine Hälfte des Brotes mit der Frischkäse Mischung und belegen Sie die andere Hälfte mit Tomaten, Feta und Rucola
4. Nun können Sie Die Panini auch schon auf ihren Optigrill legen und bis zur gewünschten Bräune grillen lassen

Spinat und Lachs im Wrap

Portionen: 2 Vorbereitung: 10 min Zubereitung: 10 min

Z u t a t e n

2 Tortillas
150 g frischer Spinat
2 EL Mayonnaise
½ Limette

100 g Räucherlachs
1 Knoblauchzehe
100 g geriebener
Mozzarella

Salz
Pfeffer

Z u b e r e i t u n g

1. Zunächst sollten Sie die Mayonnaise mit dem gepressten Knoblauch und Limettensafte vermischen. Würzen Sie die Mischung mit Salz und Pfeffer. Währenddessen den Optigrill auf der Sandwichstufe vorheizen
2. Waschen Sie nun den Spinat und schneiden Sie den Räucherlachs in gleichmäßige Streifen
3. Nun können Sie die Tortillas mit der Mayonnaise Mischung bestreichen und mit Spinat und Lachs belegen
4. Geben Sie die eingerollten Tortillas auf den Optigrill und lassen Sie diese braten, bis die Orangene Lampe aufleuchtet

Sandwich Caprese

Portionen: 2 Vorbereitung: 5 min Zubereitung: 5 min

Zutaten

250 g Mozzarella
1 Ciabatta Brot
8 EL Pesto Basilico
1 Handvoll Basilikum
Olivenöl
Salz
Pfeffer

Zubereitung

1. Schneiden Sie die Tomaten und den Mozzarella in Scheiben
2. Schneiden Sie das Brot mittig auf und bestreichen Sie beide Seiten mit dem Pesto
3. Heizen Sie Ihren Optigrill auf dem Sandwichprogramm vor
4. Belegen Sie das Ciabatta nun mit Tomate, Mozzarella und Basilikum und schmecken Sie mit Salz und Pfeffer ab
5. Legen Sie das Sandwich auf den Grill, bis die Orangene Lampe aufleuchtet

Panini Toskana Art

Portionen: 2 Vorbereitung: 15 min Zubereitung: 10 min

Zutaten

2 Zucchini
½ Zitrone
6 getrocknete, eingelegte Tomaten

70 g Parmesan
2 Ciabatta-Brötchen
50 g grünes Pesto

Olivenöl
Salz
Pfeffer

Zubereitung

1. Heizen Sie den Grill manuell auf circa 220 Grad vor und schneiden Sie währenddessen die gewaschenen Zucchini in gleichmäßige Streifen
2. Wenn das Gerät vorgeheizt ist, können Sie die Zucchinistreifen auf dem Optigrill 7-8 Minuten grillen und anschließend mit etwas Salz, Pfeffer und Zitronensaft würzen
3. Nun können die Tomaten in Streifen geschnitten werden. Der Parmesan wird grob gehobelt
4. Bestreichen Sie die Brötchen von beiden Seiten mit grünem Pesto und belegen Sie Diese mit den restlichen Zutaten
5. Nun können Sie das zugeklappte Brötchen noch für einige Minuten auf der Sandwichstufe grillen und danach knusprig genießen

Sommerlicher Asia Wrap

Portionen: 2 Vorbereitung: 20 min Zubereitung: 10 min

Zutaten

100 g Hähnchenbrust
3 EL Teriyaki Sauce
1 EL Olivenöl
50 g Frischkäse

Eine Handvoll Rucola
50 g Sojasprossen
1 TL Senf
½ reife Mango

2 Tortillas
1 EL Erdnüsse
Pfeffer

Zubereitung

1. Heizen Sie Ihren Optigrill auf der Geflügelstufe vor
2. Hähnchenbrust waschen, trockentupfen und in Streifen schneiden. Anschließend können Sie die Streifen mit 1 ½ EL Teriyaki Sauce marinieren und einige Minuten ziehen lassen
3. Nun die marinierte Hähnchenbrust auf dem Optigrill goldbraun grillen
4. Währenddessen können Sie den Frischkäse mit Pfeffer, Senf und der restlichen Teriyaki Sauce vermengen
5. Anschließend waschen Sie den Rucola und schneiden Diesen in mundgerechte Stücke. Ebenso gehen Sie mit den Sprossen vor. Die Mango sollten Sie schälen und das Fruchtfleisch in Spalten schneiden

6. Nun können Sie die Tortillas auch schon mit der Frischkäse Mischung bestreichen und mit Hähnchenbrust, Rucola, Sprossen, Erdnüssen und Mango belegen
7. Zum Schluss die eingerollten Wraps nur noch für einige Minuten auf dem Optigrill grillen

Deftige Blätterteigstangen

Portionen: 2 Vorbereitung: 10 min Zubereitung: 30 min
Zubehör: Backschale

Zutaten

175 g Blätterteig
35 g geriebener Gouda
4 Scheiben Bacon
1 Ei
Salz
Pfeffer

Zubereitung

1. Ei verquirlen und mit Salz und Pfeffer würzen. Diese Mischung auf dem ausgerollten Blätterteig verteilen
2. Auf einer Hälfte des Teiges den geriebenen Gouda verteilen. Die nicht bestreute Seite wird nun auf die andere geklappt und leicht angedrückt
3. Nun kann der Teig mit einem Pizzaschneider in circa 4 gleichgroße Streifen geschnitten werden
4. Auf jeden der Teigstreifen wird nun eine Scheibe Bacon gelegt. Anschließend können Sie die Streifen auch schon zu einer Spirale rollen
5. Setzten Sie die Backschale in den Optigrill ein und legen Sie die Blätterteigstangen hinein. Nun können Sie Diese noch mit etwas Ei bestreichen und den Backvorgang bei circa 220 Grad starten. Es ist kein Vorheizen notwendig
6. Nach circa 20 Minuten sollten die Blätterteigstangen goldbraun gebacken sein

Sandwich American-Style

Portionen: 2 Vorbereitung: 15 min Zubereitung: 10 min

Zutaten

250 g Rinderhack
6 Scheiben Toast
2 Scheiben Cheddar
2 Gewürzgurken

Eisbergsalat
1 EL Naturjoghurt
1 EL French Dressing

1 TL Ketchup
1 TL Senf
½ rote Zwiebel

Zubereitung

1. Das Rinderhack mit Salz und Pfeffer würzen und vier Patties so formen, dass sie später gut auf dem Toastbrot platziert werden können
2. Den Optigrill derweil im Burgerprogramm vorheizen und anschließend die Patties auf dem Grill bis zur orangenen Stufe braten
3. Für die Sauce wird die Zwiebel fein gehackt und mit dem Naturjoghurt, French Dressing, Ketchup und Senf vermischt. Währenddessen kann der Optigrill bereits auf der Sandwichstufe vorgeheizt werden
4. Dieses Gemisch kann nun auf allen Toastscheiben verteilt werden. Zwei der Toastscheiben werden mit etwas Salat, Cheddar und einem Patty belegt. Auf dem Patty wird dann eine zweite Toastscheibe platziert. Diese wird nun mit etwas Salat und Gewürzgurken belegt. Abschließend legen Sie das nächste Patty auf das Sandwich und schließen es mit einer Scheibe Toast
5. Nun müssen Sie Ihre Sandwiches nur noch auf den Grill legen und grillen bis die Lampe gelb aufleuchtet

Pizzabrötchen KäseSchinken

Portionen: 2 Vorbereitung: 10 min Zubereitung: 20 min
Gehen lassen: 1 ½ Stunden Zubehör: Backschale

Zutaten

250 g Weizenmehl
½ Pck. Trockenhefe
160 ml Wasser

100 g Mozzarella
100 g Kochschinken

Salz
Olivenöl

Zubereitung

1. Geben Sie die Hefe in das lauwarme Wasser und verrühren Sie die Mischung, bis sich die Hefe aufgelöst hat
2. Vermengen Sie Mehl und Salz in einer Schüssel mit der Hefemischung und kneten Sie das ganze gut durch
3. Nun sollte der Teig abgedeckt, an einem warmen Ort etwa eine Stude gehen
4. Anschließend können Sie den Teig in circa 12 gleichgroße Stücke teilen. Auch der Käse und der Schinken werden in 12 Stücke geteilt und beides wird in die Mitte der Teigstücke gegeben
5. Nun muss das Ganze zu einer Kugel gerollt werden. Achten Sie darauf, dass der Schinken und der Käse vollständig von Teig umgeben sind. Anschließend sollten Sie die Pizzabrötchen noch etwa eine halbe Stunde ruhen lassen
6. Nun können Sie die Pizzabrötchen in die eingefettete Backschale geben. Sie können den Backvorgang bei circa 250 Grad direkt starten. Nach etwa 15 min sollten die Pizzabrötchen fertig sein

New York Club-Sandwich

Portionen: 2 Vorbereitung: 10 min Zubereitung: 5 min

Zutaten

6 Scheiben Hähnchenbrust
1 Tomate
6 Scheiben Bacon
2 Eier
1 Handvoll Salat
6 Scheiben Toast
Senf
Mayonnaise
Salz
Pfeffer

Zubereitung

1. Kochen Sie zunächst die Eier hart und schneiden Sie die Tomate und die Eier in Scheiben
2. Verrühren Sie für die Sauce den Senf und die Mayonnaise und schmecken Sie mit Salz und Pfeffer ab
3. Schneiden Sie den Salat in feine Streifen und Vermengen Sie ihn mit der Senf-Mayonnaise Mischung
4. Belegen Sie nun 4 der Toasts mit dem Salat und 2 davon zusätzlich mit Hähnchenbrust. Legen Sie den Toast mit dem Salat anschließend auf den Toast mit der Hähnchenbrust. Es folgen die Tomaten und die Eier
5. Heizen Sie Ihren Optigrill auf der Sandwichstufe vor und braten Sie derweil den Bacon an
6. Legen Sie den Bacon ebenfalls auf das Sandwich und schließen Sie das Sandwich mit einer Scheibe Toast
7. Zuletzt müssen Sie das Sandwich nur noch auf den Grill legen und grillen bis die gelbe Lampe aufleuchtet

Camembert-Croissant

Portionen: 2 Vorbereitung: 10 min Zubereitung: 25 min
Zubehör: Backschale

Zutaten

200 g Blätterteig
1 Zwiebel
50 g Camembert
½ Zitrone
1 Eigelb
Zucker
Salz
Pfeffer

Zubereitung

1. Schneiden Sie den Camembert und die Zwiebel zunächst in kleine Würfel
2. Danach geben Sie der Camembert, die Zwiebel und 2 EL Zitronensaft in einen Mixer und mixen die Zutaten, bis eine gleichmäßige Masse entsteht. Nun kann mit Zucker, Salz und Pfeffer abgeschmeckt werden
3. Rollen Sie nun den Blätterteig aus und schneiden Sie Ihn in acht Dreiecke
4. Bestreichen Sie die Dreiecke mit der Camembert Creme und rollen Sie diese zu Croissants zusammen
5. Bestreichen Sie die Croissants mit Eigelb bevor Sie Diese in die Backschale geben
6. Stellen Sie Ihren Optigrill manuell auf circa 220 Grad ein. Sie können die Croissants backen, ohne den Grill vorzuheizen. Nach circa 20 Minuten sollten die Croissants servierfertig sein

Köstliche Fleischrezepte

In diesem Kapitel finden Sie viele veschiedene Fleischrezepte, die Sie mit dem Optigrill ohne Probleme zubereiten können. Fleischrezepte sind für die meisten der Kern der Grillrezepte und daher finden Sie in diesem Kapitel auch viele außergewönliche Rezepte. Die verschiedenen Stuffen, die Sie für die verschiedenen Rezepte benötigen, sind selbstverstänlich in der Rezeptbeschreibung enthalten.

Saftig und lecker

Köstliche Fleischrezepte

Griechische Frikadellen

Portionen: 2 Vorbereitung: 15 min Zubereitung: 10 min

Zutaten

250 g Rinderhack	1 EL Paniermehl	Zimt
50 g Feta	½ Zitrone	Salz
1 Ei	Olivenöl	Pfeffer
½ rote Zwiebel	Oregano	Frische Petersilie

Zubereitung

1. Schneiden Sie die Zwiebel in feine Würfel und schwitzen Sie Diese in einer Pfanne an. Währenddessen können Sie den Optigrill auf dem Burgerprogramm vorheizen
2. Vermengen Sie das Hackfleisch mit den Zwiebeln, dem Ei, Paniermehl und etwas Zitronensaft. Würzen Sie die Masse anschließend mit Oregano, Zimt, Salz, Pfeffer und frischer Petersilie
3. Formen Sie nun aus der Hackmasse etwa vier gleich große Bällchen und geben Sie in jedes der Bällchen ein Stück Fetakäse. Anschließend sollen die Bällchen so verschlossen werden, dass der Fetakäse nicht mehr zusehen ist
4. Zum Schluss legen Sie die Frikadellen auf den Optigrill und grillen Sie, bis das orangene Licht aufleuchtet

Gefüllte Schweinesteaks

Portionen: 2 Vorbereitung: 10 min Zubereitung: 10 min

Zutaten

2 Schweinerückensteaks
2 EL Speckwürfel
Pfeffer
2 EL Krautsalat
Salz

Zubereitung

1. Heizen Sie den Optigrill auf dem Steakprogramm vor
2. Schneiden Sie eine Tasche in die Schweinerückensteaks, um später dort die Füllung unterzubringen
3. Schwitzen Sie die Speckwürfel kurz in einer Pfanne an und mischen Sie diese anschließend mit dem Krautsalat
4. Verteilen Sie die Mischung gleichmäßig in den dafür vorgesehenen Taschen und würzen Sie die Steaks von außen mit Salz und Pfeffer
5. Zum Schluss grillen Sie die Steaks so lange auf Ihrem Optigrill bis die rote Lampe aufleuchtet

Klassisches Rumpsteak

Portionen: 2 Vorbereitung: 5 min Zubereitung: 10 min
Marinieren: 12 h

Zutaten

2 Rindersteaks	½ Zitrone	1 TL Zucker
4 EL Olivenöl	1 Knoblauchzehe	1 Handvoll Petersilie

Zubereitung

1. Waschen Sie die Steaks und tupfen Sie Sie mit einem Küchentuch trocken
2. Verrühren Sie für die Marinade: Olivenöl, den Saft der Zitrone, gehackten Knoblauch, Zucker und gehackte Petersilie
3. Legen Sie die Steaks mindestens 12 Stunden in der Marinade ein
4. Holen Sie die Steaks 1-2 Stunden vor dem Grillen aus dem Kühlschrank, damit Sie Zimmertemperatur erreichen
5. Heizen Sie Ihren Optigrill auf dem Steak-Programm vor und grillen Sie die Steaks, bis die Orangene Lampe aufleuchtet

Gegrillte Hähnchenschenkel

Portionen: 2 | Vorbereitung: 10 min | Zubereitung: 10 min
Marinieren: 1h

Zutaten

2 Hähnchenschenkel
1 TL Hühnerbrühe
1 TL Currypulver
1 TL Honig
1 Knoblauchzehe
100 ml Pflanzenöl
Salz
Pfeffer
Paprikapulver

Zubereitung

1. Hähnchenschenkel waschen und trockentupfen, anschließend können Sie mit einer Gabel ein paar kleine Löcher in den Schenkel stechen. So zieht die Marinade besser in das Fleisch
2. Vermischen Sie nun die Hühnerbrühe, Currypulver, Honig, eine gepresste Knoblauchzehe und Öl. Würzen Sie die Mischung mit Salz, Pfeffer und Paprikapulver. Erhitzen Sie die Mischung kurz in der Mikrowelle oder in einem Wasserbad, damit sich die Gemüsebrühe auflöst
3. Bepinseln Sie die Hähnchenschenkel mit der Marinade. Anschließend sollten Sie das ganze circa 60 Minuten, mit Alufolie bedeckt, ziehen lassen
4. Heizen Sie Ihren Optigrill auf der Geflügelstufe vor und grillen Sie die Hähnchenschenkel, bis die rote Lampe aufleuchtet

Crispy Chicken Burger

Portionen: 2 Vorbereitung: 20 min Zubereitung: 10 min
Zubehör: Backschale

Z u t a t e n

1 Handvoll Weißkohl
½ Karotte
60 g Cornflakes
90 g Naturjoghurt
370 g Hähnchenbrust
1 rote Zwiebel
4 Blätter Roma Salat
2 EL Mayonnaise
2 TL Senf
2 TL Weißweinessig
2 Burger Brötchen

Z u b e r e i t u n g

1. Waschen Sie zunächst den Kohl und die Karotte und schneiden Sie beides in dünne Streifen. Vermengen Sie nun beides mit Salz und Zucker und lassen es circa 15 min ziehen
2. Geben Sie die zerbröselten Cornflakes in einen Teller und den Joghurt zusammen mit Salz und Pfeffer in einen anderen Teller. Teilen Sie die Hähnchenbrust in zwei gleichgroße Stücke
3. Heizen Sie Ihren Optigrill auf der Geflügelstufe vor und panieren Sie das Fleisch, indem Sie es zunächst in Joghurt und anschließend in den Cornflakes wenden
4. Geben Sie das Fleisch nun in den Optigrill und grillen Sie es nach Anweisung
5. Derweil können Sie die Zwiebel in dünne Ringe schneiden und Mayonnaise, Essig und Senf in den Krautsalat geben. Schmecken Sie anschließend mit Salz und Pfeffer ab
6. Mit der Resthitze können Sie die Burger Brötchen leicht anrösten und anschließend auch schon mit dem Krautsalat, Roma Salat, Hähnchen und Zwiebelringen belegen

Rib-Eye-Steak Honig Chili

Portionen: 2 Vorbereitung: 5 min Zubereitung: 10 min

Zutaten

2 Rib-Eye-Steaks
90 g Honig
1 rote Chili
2 Zitronen
2 Knoblauchzehen
50 g Butter
2 EL Olivenöl
2 Zweige Minze
Salz
Pfeffer

Zubereitung

1. Pressen Sie zunächst eine Zitrone aus und schneiden Sie die andere in Viertel. Schneiden Sie die Chili in feine Ringe
2. Vermengen Sie nun Honig, Zitronensaft, Olivenöl, Chili, Salz, Pfeffer und gehackten Knoblauch. Zerlassen Sie die Butter und geben Sie diese auch hinzu
3. Heizen Sie Ihren Optigrill auf dem Steak-Programm vor und braten Sie die Steaks, bis die orangene Lampe aufleuchtet
4. Übergießen Sie die Steaks anschließend mit der Sauce und servieren Sie Sie zusammen mit den geviertelten Zitronen und gehackter Minze

Lasagne

Portionen: 2 Vorbereitung: 25 min Zubereitung: 35 min
Zubehör: Backschale

Zutaten

250 g Rinderhack
400 g Dosentomaten
150 g Lasagneplatten
250 ml Béchamelsauce
1 Möhre

1 Knoblauchzehe
1 rote Zwiebel
50 g Parmesankäse
3 EL Olivenöl

Frisches Basilikum
Salz
Pfeffer

Zubereitung

1. Würfeln Sie zunächst die Zwiebel, die Möhre und die Knoblauchzehe möglichst klein und dünsten Sie diese Zutaten für einige Minuten in Öl
2. Geben Sie nach einigen Minuten das Hackfleisch hinzu und würzen Sie mit Salz, Pfeffer und Basilikum
3. Wenn das Fleisch gut durchgebraten ist, können Sie die Tomaten hinzugeben und das ganze etwa 15 Minuten leicht köcheln lassen
4. Anschließend können Sie etwa 1/3 der Sauce in die Backschale geben, das Ganze mit Lasagneplatten belegen und Béchamelsauce darüber verteilen. Wiederholen Sie diesen Vorgang zweimal, bis Sie die gesamte Sauce verwendet haben
5. Verteilen Sie nun den Parmesan über die gesamte Fläche und geben Sie die Backschale bei circa 220 Grad in den Optigrill. Es ist kein Vorheizen notwendig. Nach etwa 30 Minuten ist die Lasagne servierfertig

Blauschimmel-Burger

Portionen: 2 Vorbereitung: 15 min Zubereitung: 10 min

Zutaten

4 Burger Brötchen
2 EL Barbecue Sauce
1 Handvoll Rucola Salat
1 Tomate
4 Scheiben Bacon
300 g Rinderhack
50 g Blauschimmelkäse
1 EL Preiselbeeren

Zubereitung

1. Heizen Sie Ihren Optigrill zunächst auf der Burgerstufe vor und schneiden Sie die Tomate in Scheiben
2. Formen Sie nun aus dem Rinderhack zwei Burger Patties und grillen Sie diese anschließend auf Ihrem Optigrill bis die orangene Lampe aufleuchtet
3. Geben Sie anschließend sehr zeitnah den Blauschimmelkäse auf die Burger Patties, sodass dieser durch die Hitze noch leicht schmilzt
4. Stellen Sie den Grill nun auf das Bacon- oder Wurstprogramm, um die Bacon Scheiben zu rösten. Wenn der Grill vorgeheizt ist, geben Sie die Bacon Scheiben auf den Grill, bis die rote Lampe aufleuchtet
5. Nun können Sie Ihre Burger Brötchen noch einige Minuten auf dem Optigrill rösten
6. Bestreichen Sie zum Schluss die Burger Brötchen mit Barbecue Sauce und belegen Sie diese mit Rucola, Tomate, Bacon, dem Patty und ½ EL Preiselbeeren

Entrecôte vom Grill

Portionen: 2 Vorbereitung: 5 min Zubereitung: 15 min

Zutaten

200 g Entrecôte
1 Handvoll Rucola
1 Handvoll Kirschtomaten
1 Zweig Thymian
1 Zweig Rosmarin
1 Knoblauchzehe
Salz
Pfeffer

Zubereitung

1. Heizen Sie zunächst Ihren Optigrill auf dem Steakprogramm vor
2. Tupfen Sie das Entrecôte leicht trocken und würzen Sie es mit Salz und Pfeffer
3. Nun können Sie das Fleisch schon auf den Grill legen und nach Anleitung grillen, bis die gewünschte Garstufe erreicht ist
4. Verteilen Sie anschließend, auf dem noch heißen Grill die Kirschtomaten, Thymian, Rosmarin, Rucola und Knoblauch und lassen Sie die Zutaten circa 5 Minuten in der Resthitze schmoren
5. Servieren Sie nun das Fleisch zusammen mit den restlichen Zutaten

Souvlaki – griechische Fleischspieße

Portionen: 2 Vorbereitung: 15 min Zubereitung: 10 min
Marinieren: 3 h Zubehör: Holzspieße

Z u t a t e n

350 g Schweinerücken
1/2 Zitrone
1 Knoblauchzehe
1 TL Oregano
1 TL Limettenpfeffer
1 TL Olivenöl

Z u b e r e i t u n g

1. Zunächst Würfeln Sie das Fleisch in gleichmäßige Stücke
2. Für die Marinade sollten Sie die Zitrone und den Knoblauch pressen und das Ganze mit Pfeffer, Oregano und Olivenöl mischen
3. Marinieren Sie nun das Fleisch mit dieser Mischung und lassen Sie es anschließend für mindestens 3 Stunden ziehen
4. Heizen Sie Ihren Optigrill auf der Burgerstufe vor und reihen sie währenddessen das Fleisch auf zwei Spießen auf
5. Nun werden die Spieße gegrillt, bis die orangene Lampe aufleuchtet. Besonders lecker schmecken die Fleischspieße in Kombination mit Tsatsiki

Chilenische Hotdogs

Portionen: 2 Vorbereitung: 15 min Zubereitung: 15 min

Zutaten

1 Knoblauchzehe
½ Avocado
1 EL Zitronensaft
½ Chilischote (rot)
25 g Mayonnaise
1 Prise Currypulver
2 Wiener Würstchen
2 Römersalatblätter
1 Tomate
2 Hotdog Brötchen
1 Handvoll Röstzwiebeln
Salz
Pfeffer
Zucker

Zubereitung

1. Pürieren Sie das Fruchtfleisch der Avocado zusammen mit dem Knoblauch und dem Zitronensaft und heizen sie in der Zwischenzeit Ihren Optigrill auf dem Wurstprogramm vor
2. Hacken Sie die Chilischote und mischen Sie diese unter die Avocado-Mischung. Anschließend können Sie die Mischung noch mit Salz, Pfeffer und etwas Zucker würzen
3. Verrühren Sie die Mayonnaise nun mit dem Currypulver
4. Anschließend können Sie die Würstchen bereits auf den Optigrill legen und goldbraun grillen
5. Inzwischen können Sie die Salatblätter und die Tomaten waschen. Die Tomaten sollten in dünne Scheiben geschnitten werden und mit Salz und Pfeffer gewürzt werden
6. Belegen Sie die Brötchen zunächst mit etwas Salat und Tomaten, gefolgt von etwa 2 EL Avocadocreme, 1 Würstchen, etwas Curry-Mayonnaise und Röstzwiebeln

Hawaiianischer Burger

Portionen: 2 | Vorbereitung: 20 min | Zubereitung: 10 min

Zutaten

300 g Rinderhack
2 Scheiben Ananas
2 Burger Brötchen
1 rote Zwiebel
1 Zweig Thymian

2 TL Zucker
3 TL Rotweinessig
1 EL Mayonnaise
2 EL Crème fraîche
3 TL Senf

1 Handvoll Koriander
Olivenöl
Salz
Pfeffer

Zubereitung

1. Schneiden Sie die Zwiebeln in Ringe und lassen Sie Diese zusammen mit dem Thymian circa 5 min braten. Anschließend den Zucker drüber geben, um die Zwiebeln zu karamellisieren. Nun kann das Ganze mit Rotweinessig abgelöscht werden und mit Salz und Pfeffer gewürzt werden
2. Heizen Sie Ihren Optigrill auf der Burgerstufe vor
3. Verrühren Sie nun Mayonnaise, Senf und Crème fraîche miteinander und würzen Sie die Mischung mit Salz und Pfeffer
4. Verkneten Sie anschließend das Hackfleisch mit dem gehackten Koriander und formen Sie zwei Burger Patties
5. Nun können Sie die Patties schon auf den Grill legen und nach Anweisung grillen. Bestreichen die derweil die Ananas Scheiben mit etwas Öl und lassen Sie diese mit der Resthitze leicht anrösten
6. Bestreichen Sie die Brötchen mit der Mayonnaise Creme und belegen Sie Ihren Burger zunächst mit der Ananas und dem Patty. Zum Schluss folgen die karamellisierten Zwiebeln

Fischrezepte zum Genießen

Mit dem Optigrill können Sie ganz leicht köstliche Fischrezepte zubereiten. Sie finden in diesem Kapitel gegrillte Fischrezepte, wie beispielsweise Dorade mit gegrilltem Gemüse, aber auch Rezepte, wie bespielsweise Jakobsmuscheln in Weißweinsauce. Wenn Sie also ein großer Fischfan sind, dann kommen Sie in diesem Kapitel ganz sicher auf Ihre Kosten.

Außergewönlich gut

Fischrezepte zum Genießen

Dorade mit gegrilltem Gemüse
Mediterranes Lachssteak
Pikante Garnelenspieße
Muscheln in Weißweinsauce *[EMPFEHLUNG]*
Jakobsmuscheln im Speckmantel
Bunter Meeresfrüchte-Spieß
Mariniertes Lachsfilet
Kabeljausticks mit Knoblauchdip
Gegrillte Salbei-Forelle
Jakobsmuscheln in Zitronenbutter *[EMPFEHLUNG]*
Pengasius Thai-Style
Thunfisch im Japanlack

Dorade mit Grillgemüse

Portionen: 2 Vorbereitung: 10 min Zubereitung: 25 min

Zutaten

1 ganze Dorade
1 rote Paprika
1 rote Peperoni
1 rote Zwiebel
1 Zitrone

1 Orange
4 Kirschtomaten
3 Kartoffeln
1 Knoblauchzehe
2 Zweige Rosmarin

1 Zweig Thymian
Olivenöl
Salz
Pfeffer

Zubereitung

1. Schneiden Sie zunächst die Orange und die Zitrone in feine Scheiben. Die Tomaten und die Kartoffeln werden gewaschen und halbiert, die Paprika sollten Sie ebenfalls waschen und in grobe Streifen schneiden. Die Zwiebel wird in dünne Ringe geschnitten und der Knoblauch halbiert. Die Kartoffel sollten Sie schon einmal vorgaren
2. Heizen Sie nun Ihren Optigrill im Fischprogramm vor
3. Schneiden Sie die Dorade an mehreren Stellen ein und bestreichen Sie die Innenseite mit etwas Olivenöl, Salz und Pfeffer. Füllen Sie den Fisch anschließend mit den Zitronen- und Orangenscheiben sowie mit dem Knoblauch, Rosmarin, Thymian und den Zwiebelringen
4. Reiben Sie den Fisch von außen ebenfalls gut mit Öl ein und grillen Sie Ihn nun, bis die gelbe Lampe aufleuchtet
5. Wenn der Fisch fertig ist, können Sie das Gemüse noch einige Minuten auf den Grill legen und anschließend beides zusammen genießen

Mediterranes Lachssteak

Portionen: 2 Vorbereitung: 10 min Zubereitung: 15 min

Zutaten

400 g Lachsfilet
1 rote Zwiebel
4 Kirschtomaten

¼ Zitrone
½ weiße Zwiebel
1 EL Pflanzenöl

Salz
Pfeffer

Zubereitung

1. Hacken Sie die weiße Zwiebel möglichst klein und vermischen Sie diese mit Öl, Zitronensaft, Salz und Pfeffer. Legen Sie anschließend das Lachsfilet in dieser Marinade ein
2. Heizen Sie Ihren Optigrill auf der Fischstufe vor und schneiden Sie derweil die rote Zwiebel in Ringe und halbieren Sie die Kirschtomaten
3. Wenn der Fisch etwa 15 min in der Marinade lag, können Sie Ihnen auch bereits grillen, bis die gelbe Lampe aufleuchtet
4. Anschließend noch das Gemüse kurz anrösten und beides zusammen genießen

Pikante Garnelenspieße

Portionen: 2 Vorbereitung: 10 min Zubereitung: 10 min
Zubehör: Holzspieße Marinieren: 30 min

Zutaten

400 g Riesengarnelen
2 EL Sojasauce
3 EL Olivenöl
3 TL brauner Zucker
1 TL Ingwer
1 Knoblauchzehe
1 EL Paprikapulver, scharf
Salz
Pfeffer
Chiliflocken

Zubereitung

1. Falls die Garnelen nicht bereits entdarmt sind, sollten Sie diese zunächst am Rücken einschneiden und den Darm entfernen
2. Hacken Sie anschließend den Ingwer und den Knoblauch möglichst klein und vermischen Sie beides mit Olivenöl, Sojasauce, Zucker, Chiliflocken und Paprikapulver. Marinieren Sie die Garnelen mit dieser Mischung und lassen Sie das Ganze mindestens 30 min ziehen
3. Heizen Sie Ihren Optigrill auf der Fischstufe vor
4. Nun können Sie die Garnelen auf Spießen aufreihen und grillen bis die Orangene Lampe aufleuchtet

Muscheln in Weißweinsauce

Portionen: 2   Vorbereitung: 10 min   Zubereitung: 20 min

Zutaten

250 g Jakobsmuscheln
1 Möhre
½ Stangensellerie
½ Stange Lauch
1 Zwiebel

3 Knoblauchzehen
250 ml Weißwein
1 Lorbeerblatt
1 Handvoll Petersilie
1 EL Olivenöl

1 EL Zucker
½ Zitrone
Salz
Pfeffer

Zubereitung

1. Schneiden Sie die Möhre, den Sellerie, den Lauch, den Knoblauch und die Zwiebel in kleine Würfel
2. Braten Sie den Knoblauch und die Zwiebeln kurz in Olivenöl an und geben Sie anschließend das Gemüse und das Lorbeerblatt hinzu. Karamellisieren Sie das Ganze mit etwas Zucker und lassen Sie es einige Minuten braten
3. Anschließend mit dem Weißwein ablöschen und mit Salz und Pfeffer abschmecken und noch einige Minuten köcheln lassen
4. Heizen Sie den Optigrill auf dem Fischprogramm vor und tupfen Sie die Muscheln mit einem Küchenpapier ab
5. Nun können Sie die Muscheln auch schon grillen, bis die orangene Lampe aufleuchtet
6. Servieren Sie die Muscheln zusammen mit der Weißweinsauce, etwas Zitrone und Petersilie

Jakobsmuscheln im Speckmantel

Portionen: 2 Vorbereitung: 15 min Zubereitung: 10 min
Zubehör: Zahnstocher

Z u t a t e n

6 Jakobsmuscheln
2 Knoblauchzehen
30 g Parmesan
50 g frisches Basilikum
30 g Pinienkerne
5 EL Olivenöl
2 EL Zitronensaft
8 Scheiben Bacon
Salz
Pfeffer

Z u b e r e i t u n g

1. Geben Sie den Knoblauch, den Parmesan, das Basilikum, die Pinienkerne, Zitronensaft, etwas Olivenöl, Salz und Pfeffer in einen Mixer. Geben Sie nach und nach mehr Öl hinzu, bis die Masse eine Cremige Konsistenz bekommt
2. Heizen Sie ihren Optigrill auf dem Fischprogramm vor
3. Tupfen Sie die Jakobsmuscheln mit etwas Küchenpapier ab und wickeln Sie jede Muschel in eine Scheibe Bacon. Stecken Sie das Ganze mit einem Zahnstocher fest
4. Ölen Sie die Grillplatte etwas ein und legen Sie die Muscheln auf den Grill, bis die Orangene Lampe aufleuchtet
5. Servieren Sie die Muscheln zusammen mit dem Basilikum Pesto

Bunter Meeresfrüchte-Spieß

Portionen: 2 Vorbereitung: 20 min Zubereitung: 10 min
Zubehör: Holzspieße Marinieren: 30 min

Zutaten

4 Riesengarnelen
100 g Lachsfilet
100 g Zanderfilet
1 Limette
½ Zucchini

1 rote Paprika
Naturjoghurt
1 Knoblauchzehe
½ Zitrone

Olivenöl
Salz
Pfeffer

Zubereitung

1. Schneiden Sie die Zucchini in 1-2 cm dicke Scheiben und Würfeln Sie die Paprika grob. Schneiden Sie auch den Fisch in Mundgerechte Stücke
2. Pressen Sie ½ Limette aus und Mischen Sie den Saft mit Salz, Pfeffer und etwas Öl
3. Reihen Sie abwechselnd den Fisch, die Zucchini und die Paprika auf dem Spieß auf und bestreichen Sie alles mit der Marinade. Anschließend sollten Sie das Ganze circa 30 Minuten ziehen lassen
4. Zwischenzeitlich können Sie den Joghurt mit etwas Limettensaft, Salz, Pfeffer und Knoblauch würzen
5. Heizen Sie ihren Optigrill auf dem Fischprogramm vor
6. Nun können Sie die Spieße auch schon grillen, bis die orangene Lampe aufleuchtet
7. Servieren Sie die Spieße zusammen mit dem Joghurt Dip

Mariniertes Lachsfilet

Portionen: 2 Vorbereitung: 10 min Zubereitung: 10 min
Marinieren: 4 h

Zutaten

2 Lachsfilets
2 Frühlingszwiebeln
4 EL Limettensaft
4 getrocknete Tomaten
6 EL Olivenöl
1 Knoblauchzehe
Kräuter der Provence
Salz
Pfeffer

Zubereitung

1. Würfeln Sie zunächst die Zwiebeln und die Tomaten
2. Verrühren Sie Limettensaft, Olivenöl, gehackten Knoblauch und Kräuter und würzen Sie die Mischung mit Salz und Pfeffer
3. Geben Sie anschließend die Frühlingszwiebeln und die Tomaten hinzu und legen Sie das Lachsfilet mindestens 4 Stunden in der Marinade ein
4. Heizen Sie Ihren Optigrill auf dem Fischprogramm vor und grillen Sie den Fisch, bis die Orangene Lampe aufleuchtet

Kabeljausticks mit Knoblauchdip

Portionen: 2 Vorbereitung: 20 min Zubereitung: 10 min

Zutaten

1 Kabeljaufilet
1 EL Paniermehl
2 Eier
50 g Mehl
½ Zitrone
150 g Crème Fraîche
100 g Naturjoghurt
2 Knoblauchzehen
1 Handvoll Petersilie
Salz
Pfeffer

Zubereitung

1. Waschen Sie das Filet und tupfen Sie es leicht trocken. Anschließend in gleichmäßige Streifen schneiden und mit Salz und Pfeffer würzen
2. Heizen Sie Ihren Optigrill auf dem Fischprogramm vor
3. Geben Sie das Paniermehl in einen Teller und verquirlen Sie in einem anderen Teller das Ei. Auch das Mehl sollten Sie auf einen einzelnen Teller geben
4. Wenden Sie den Fisch zuerst im Mehl, dann im Ei und zum Schluss im Paniermehl
5. Geben Sie die Stäbchen nun auf den Grill und grillen Sie diese nach Anleitung
6. Derweil können Sie aus Crème Fraîche und Naturjoghurt einen Dip anrühren. Würzen Sie den Dip noch mit etwas Zitronensaft, Salz, Pfeffer, Petersilie und gehacktem Knoblauch

Gegrillte Salbei-Forelle

Portionen: 2 Vorbereitung: 15 min Zubereitung: 10 min

Z u t a t e n

2 Forellen	250 ml Apfelessig	Salz
4 Schalotten	7 Zweige Salbei	Pfeffer
50 g Butter	1 Zitrone	

Z u b e r e i t u n g

1. Würzen Sie die Forelle gut mit Salz und Pfeffer und füllen Sie den Fisch mit Zitronenscheiben und der Hälfte der Salbeizweige. Bestreichen Sie die Forelle mit etwas Öl
2. Heizen Sie Ihren Optigrill auf der Fischstufe vor. Schälen Sie die Schalotten und schneiden Sie diese in dünne Scheiben
3. Geben Sie den Fisch auf den Optigrill und grillen Sie diesen nach Anleitung
4. Braten Sie derweil die Schalotten in der Butter an und löschen Sie das Ganze mit Apfelessig ab. Würzen Sie mit Salz und Pfeffer und geben Sie die restlichen Salbeizweige hinzu
5. Wenden Sie zum Schluss den Fisch in der Salbeisauce und servieren Sie beides zusammen

Jakobsmuscheln in Zitronenbutter

Portionen: 2 Vorbereitung: 10 min Zubereitung: 20 min

Z u t a t e n

6 Jakobsmuscheln
100 g Butter
1 Zitrone
2 Knoblauchzehen
1 Handvoll Petersilie
Salz
Pfeffer

Z u b e r e i t u n g

1. Schneiden Sie den Knoblauch zunächst in dünne Scheiben und hacken Sie die Petersilie. Reiben Sie die Zitronenschale vorsichtig ab und bewahren Sie den Abrieb auf. Entsaften Sie anschließend die Zitrone
2. Heizen Sie Ihren Optigrill im Fischprogramm vor und tupfen Sie derweil die Muscheln trocken und Salzen Sie von beiden Seiten
3. Geben Sie nun die Jakobsmuscheln auf den Grill und grillen Sie diese, bis die orangene Lampe aufleuchtet
4. In der Zwischenzeit können Sie die Butter zerlassen und den Knoblauch in der zerlassenen Butter karamellisieren. Fügen Sie anschließend Petersilie, Zitronenzeste und Zitronensaft hinzu. Würzen Sie mit Salz und Pfeffer
5. Servieren Sie die gegrillten Jakobsmuscheln mit der Zitronenbutter-Sauce und garnieren Sie Sie mit etwas Petersilie

Pengasius Thai-Style

Portionen: 2 | Vorbereitung: 15 min | Zubereitung: 10 min
Marinieren: 2h

Zutaten

350 g Pengasius
2 TL Austernsauce
2 TL Kreuzkümmel
100 ml Sesamöl
1 TL grüne Currypaste
1 Zitrone
1 Handvoll Frühlingszwiebeln
Salz
Pfeffer
Zucker

Zubereitung

1. Würzen Sie das Fischfilet mit etwas Salz und Zucker
2. Mischen Sie Austernsauce, Kreuzkümmel, Currypaste, Sesamöl und den Saft einer halben Zitrone, um die Marinade anzurühren
3. Bestreichen Sie den Fisch mit der Marinade. Schneiden Sie den Fisch an einigen Stellen leicht ein, damit die Marinade besser einziehen kann. Lassen Sie das ganze nun mindestens 2 Stunden ziehen
4. Heizen Sie Ihren Optigrill auf der Fischstufe vor und grillen Sie den Fisch nach Anleitung
5. Servieren Sie den Fisch und garnieren Sie den Pangasius mit geschnittenen Frühlingszwiebeln und etwas Zitrone

Thunfisch in Japanlack

Portionen: 2 Vorbereitung: 15 min Zubereitung: 10 min

Zutaten

2 Thunfischfilets
15 g frischer Ingwer
1 Knoblauchzehe
125 ml Sojasauce
50 ml Honig
50 ml Chilisauce
1 TL Weißweinessig
2 EL Sesamsaat

Zubereitung

1. Zunächst sollten Sie den Ingwer und den Knoblauch schälen und fein hacken. Kochen Sie beides in Sojasauce, Chilisauce, Honig und Essig ein. Das Einkochen sollte etwa 2-3 Minuten dauern
2. Anschließend sollten Sie die Sauce sieben, um eine Homogene Flüssigkeit zu schaffen
3. Rösten Sie den Sesam kurz in einer Pfanne an und geben Sie Diesen unter den Lack
4. Heizen Sie Ihren Optigrill auf dem Fischprogramm vor
5. Bestreichen Sie die Thunfischfilets mit etwas Olivenöl. Anschließend könne Sie den Fisch auch schon auf den Grill legen und bis zur gewünschten Stufe garen
6. Zum Schluss nur noch das Filet mit dem Lack bestreichen und servieren

Gemüserezepte

Beim Grillen kann Gemüse eine super leckere Beilage darstellen, jedoch kann man mit verschiedenen Gemüsesorten auch leckere Hauptgerichte zaubern. Also falls Sie gegrilltes Gemüse lieben oder einfach mal eine leckere Abwechslung zu Fleisch- und Fischrezepten suchen, dann werden Sie in diesem Kapitel aufjedenfall fündig.

Abwechslungreich
und lecker

Gemüserezepte

Klassisches Kartoffelgratin
Knusprige Gemüsetaler
Österreichischer Kartoffelpuffer
Parmesan-Bratkartoffeln mit Rosmarin
Mediterranes Grillgemüse
Französisches Ratatouille vom Grill
Bunter Gemüseauflauf
Mariniertes Grillgemüse
Süßkartoffel Pommes
Buscetta al Pomodoro
Italienische Antipasti

Klassisches Kartoffelgratin

Portionen: 2 Vorbereitung: 15 min Zubereitung: 1h
Zubehör: Backschale

Zutaten

700 g Kartoffeln
40 ml Milch
40 g Sahne

35 g Speckwürfel
2 TL Gemüsebrühe
35 g geriebener Gouda

Pfeffer
Salz
Muskat

Zubereitung

1. Schneiden Sie die Kartoffeln in dünne Scheiben und legen Sie die Scheiben in der Backschale aus
2. Mischen Sie die Milch und die Sahne und würzen Sie mit Salz, Pfeffer, Gemüsebrühe und Muskatnuss
3. Gießen Sie die Mischung gleichmäßig über die Kartoffelscheiben
4. Stellen Sie Ihren Optigrill manuell auf die Orangene Stufe und lassen Sie das Gratin circa 40 min backen, geben Sie dann die Speckwürfel und den geriebenen Gouda hinzu. Backen Sie das Gratin weitere 20 Minuten

Knusprige Gemüsetaler

Portionen: 2 Vorbereitung: 40 min Zubereitung: 25 min

Zutaten

75 g Reis
1 Ei
1 weiße Zwiebel
1 Möhre

5 EL Paniermehl
75 g Emmentaler
500 ml Gemüsebrühe
30 g Butter

Petersilie
Salz
Pfeffer

Zubereitung

1. Kochen Sie den Reis circa 15 Minuten in der Brühe
2. Raspeln Sie anschließend den Käse und die Möhre und Würfeln Sie die Zwiebel klein
3. Vermischen Sie nun Reis, Möhre, Zwiebel und den Käse miteinander und geben Sie das Ei hinzu. Würzen Sie das Ganze mit Salz, Pfeffer und Petersilie
4. Geben Sie anschließend nach und nach das Paniermehl hinzu, bis die Masse eine etwas festere Konsistenz hat. Nun sollten Sie die Masse etwa 15 Minuten ruhen lassen
5. Heizen Sie den Optigrill manuell auf 220 Grad vor und formen Sie derweil mehrere Taler aus der Gemüsemasse
6. Wenden Sie die Taler noch in etwas Paniermehl und legen Sie Sie anschließend für 15-20 Minuten auf den Grill

Österreichischer Kartoffelpuffer

Portionen: 2 Vorbereitung: 15 min Zubereitung: 15 min

Zutaten

400 g Kartoffeln
40 g Mehl
1 EL Pflanzenöl

1 Ei
½ weiße Zwiebel

Salz
Pfeffer

Zubereitung

1. Schälen Sie zunächst die Kartoffeln und reiben Sie Sie fein. Ebenso sollten Sie die Zwiebel reiben oder klein würfeln
2. Mischen Sie nun Die Kartoffeln und die Zwiebeln mit dem Ei und Mehl und würzen Sie die Masse mit Salz und Pfeffer
3. Heizen Sie den Grill manuell auf 220 Grad vor
4. Bestreichen Sie die Platte mit etwas Öl, bevor Sie den Teig auf den vorgeheizten Grill geben
5. Grillen Sie die Kartoffelpuffer für etwa 10 Minuten

Parmesan-Bratkartoffeln mit Rosmarin

Portionen: 2 Vorbereitung: 15 min Zubereitung: 10 min

Zutaten

500 g Kartoffeln	25 g Parmesan	Salz
15 ml Olivenöl	2 Zweige Rosmarin	Pfeffer

Zubereitung

1. Kochen Sie die Kartoffeln leicht vor, dafür sollten Sie Diese circa 5 Minuten kochen
2. Anschließend können Sie die Kartoffeln in etwa 1 cm dicke Scheiben schneiden
3. Heizen Sie Ihren Optigrill auf 180 Grad vor
4. Geben Sie das Olivenöl, Salz und Pfeffer auf die Kartoffelscheiben und vermengen Sie das Ganze miteinander
5. Geben Sie die Kartoffeln auf den Grill und lassen Sie Diese etwa 5 Minuten grillen, bis Sie knusprig sind
6. Nun können Sie auf die noch heißen Kartoffeln den Parmesan reiben, sodass dieser schmilzt

Mediterranes Grillgemüse

Portionen: 2 Vorbereitung: 15 min Zubereitung: 15 min

Zutaten

1 rote Zwiebel
½ Aubergine
½ Zucchini
1 Knoblauchzehe
1 gelbe Paprika
60 g Kirschtomaten
25 g Oliven
1 Zweig Thymian
1 Zweig Rosmarin
1 TL Oregano
Salz
Pfeffer
Olivenöl

Zubereitung

1. Schneiden Sie zunächst das Gemüse in grobe Scheiben oder Streifen. Schneiden Sie die Zwiebel in Ringe und halbieren Sie die Oliven
2. Heizen Sie Ihren Optigrill manuell auf 220 Grad vor
3. Entfernen Sie den Thymian und den Rosmarin vom Zweig und hacken Sie die Kräuter klein
4. Geben Sie etwas Öl auf den Grill und verteilen Sie das Gemüse. Die Oliven und die Tomaten kommen erst später hinzu
5. Braten Sie das Gemüse circa 5 Minuten und regeln Sie dann die Hitze auf etwa 100 Grand herunter bevor Sie die Tomaten, die Oliven und die Kräuter hinzugeben
6. Lassen Sie das Ganze noch 2-5 Minuten grillen und servieren Sie es danach mit einem Schuss Olivenöl

Französisches Ratatouille

Portionen: 2 Vorbereitung: 15 min Zubereitung: 15 min

Zutaten

1 Zucchini
½ rote Paprika
½ gelbe Paprika
½ Aubergine
1 Knoblauchzehe
2 Zweige Thymian
1 EL Olivenöl
1 Dose Cherrytomaten
Salz
Pfeffer
Zucker

Zubereitung

1. Heizen Sie Ihren Optigrill manuell auf 220 Grad vor
2. Schneiden Sie das Gemüse in mundgerechte, grobe Stücke und halbieren Sie die Knoblauchzehe
3. Besteichen Sie den Grill mit Olivenöl und geben Sie das Gemüse auf den Grill
4. Lassen Sie das Gemüse circa 5 Minuten grillen. Geben Sie anschließend die Thymian Zweige hinzu und würzen Sie mit Salz und Pfeffer
5. Karamellisieren Sie das Gemüse, indem Sie etwas Zucker hinzugeben. Nachdem alles leicht karamellisiert ist, können Sie die abgetropften Dosentomaten hinzugeben
6. Servieren Sie es anschließend mit Reis oder Nudeln

Bunter Gemüseauflauf

Portionen: 2 Vorbereitung: 25 min Zubereitung: 50 min

Zubehör: Backschale

Zutaten

400 g Kartoffeln	250 g Brokkoli	Salz
250 g Karotten	250 g Blumenkohl	Pfeffer
2 Eier	50 ml Sahne	Muskat
50 ml Milch	50 g geriebener Gouda	Schnittlauch

Zubereitung

1. Garen Sie die Kartoffeln 15 Minuten in kochendem Wasser vor
2. Schneiden Sie die Möhren in Scheiben und den Brokkoli und den Blumenkohl in kleine Röschen
3. Geben Sie den Brokkoli auch circa 5 Minuten mit zu den Kartoffeln
4. Verteilen Sie nun die Kartoffeln und das Gemüse in der Backschale
5. Vermischen Sie Eier, Milch und Sahne und würzen Sie die Mischung mit Salz, Pfeffer, Schnittlauch und Muskat. Geben Sie die Sauce über den Auflauf
6. Stellen Sie Ihren Optigrill manuell auf die Orangene Stufe und lassen Sie den Auflauf circa 20 Minuten backen, geben Sie dann den geriebenen Gouda hinzu und backen Sie den Auflauf weitere 15-20 Minuten

Mariniertes Grillgemüse

Portionen: 2 Vorbereitung: 15 min Zubereitung: 5 min
Marinieren: 4h

Zutaten

½ Paprika
½ Zucchini
½ Aubergine
2 Tomaten
50 ml Olivenöl
1 Zweig Thymian
1 Zweig Rosmarin
1 Zweig Majoran
1 Knoblauchzehe
1 TL Balsamico-Essig
Salz
Pfeffer

Zubereitung

1. Waschen Sie zunächst das Gemüse und schneiden Sie es in mundgerechte Stücke
2. Hacken Sie nun die Kräuter
3. Vermengen Sie für die Marinade das Öl, die Kräuter, eine gehackte Knoblauchzehe, Essig, Salz und Pfeffer
4. Legen Sie das Gemüse mindestens 4 Stunden in der Marinade ein
5. Heizen Sie Ihren Optigrill manuell auf 220 Grad vor und grillen Sie das Gemüse 4-5 Minuten

Süßkartoffel Pommes

Portionen: 2 Vorbereitung: 1h 15 min Zubereitung: 20 min
Zubehör: Backschale

Zutaten

1 große Süßkartoffel
1 EL Speisestärke
2 EL Olivenöl
1 Zweig Rosmarin
½ Zitrone
150 g Crème Fraîche
100 g Naturjoghurt
2 Knoblauchzehen
1 Handvoll Petersilie
Salz
Pfeffer

Zubereitung

1. Waschen Sie zunächst die Kartoffeln und schneiden Sie Diese in etwa 1 cm dicke Streifen
2. Geben Sie die Kartoffelsticks anschließend für etwa 1 Stunde in kaltes Wasser
3. Heizen Sie Ihren Optigrill manuell auf 250 Grad vor
4. Trocknen Sie die Kartoffeln gut ab und mischen Sie die Pommes anschließend mit der Speisestärke, Öl, Rosmarin, Salz und Pfeffer
5. Geben Sie die Pommes in die Backschale des Optigrills und lassen Sie die Pommes circa 15 Minuten backen. Nach circa 10 Minuten sollten Sie die Kartoffeln einmal wenden
6. Derweil können Sie aus Crème Fraîche und Naturjoghurt einen Dip anrühren. Würzen Sie den Dip noch mit etwas Zitronensaft, Salz, Pfeffer, Petersilie und gehacktem Knoblauch

Buscetta al Pomodoro

Portionen: 2 Vorbereitung: 10 min Zubereitung: 10 min

Zutaten

4 Scheiben Weißbrot
½ Handvoll Basilikum
2 Fleischtomaten
1 Knoblauchzehe
Olivenöl
Salz
Pfeffer

Zubereitung

1. Schneiden Sie die Tomaten in kleine Stücke. Achten Sie darauf, dass sie möglichst nur das Fruchtfleisch der Tomaten verwenden
2. Würzen Sie die Tomaten mit Salz, Pfeffer, gehacktem Basilikum und gehacktem Knoblauch
3. Bestreichen Sie das Brot mit etwas Olivenöl und rösten Sie es einige Minuten auf Ihrem Optigrill
4. Belegen Sie die Brote nun mit den Tomaten und garnieren Sie das Ganze mit etwas Basilikum

Italienische Antipasti

Portionen: 2 Vorbereitung: 30 min Zubereitung: 5 min

Z u t a t e n

100 g Aubergine
½ Zitrone
½ gelbe Paprika
½ rote Paprika
½ Zucchini

1 Tomate
2 Stangen Spargel
80 g Parmesan
1 TL Oregano
½ Handvoll Basilikum

1 EL dunkler Balsamico Essig
2 EL Olivenöl
Salz
Pfeffer

Z u b e r e i t u n g

1. Würfeln Sie das Gemüse zunächst in etwa gleichgroße Stücke
2. Vermengen Sie den Essig und das Öl mit Oregano, Salz und Pfeffer. Legen Sie das Gemüse für 15-20 Minuten in der Marinade ein
3. Heizen Sie Ihren Optigrill manuell auf 180 Grad vor
4. Grillen Sie das Gemüse circa 5 Minuten
5. Bestreuen Sie das noch heiße Gemüse mit dem Parmesan und garnieren Sie das Ganze mit etwas frischem Basilikum

Vegane Rezepte

Die vegane Ernärung hat in der letzen Zeit enorm an Aufmerksamkeit und Beliebtheit gewonnen. Daher finden Sie in diesem Kapital viele verschiedene vegane Rezeptideen, mit denen Sie leckere Köstlichkeiten zaubern können. Falls Sie, Ihre Familie oder Freunde vegan leben oder Sie einfach hin und wieder mal auf tierische Produkte verzichten wollen, dann sind Sie in diesem Kapitel genau richtig.

Köstlich vegan

Vegane Rezepte

Vegane Burger Patties
Süßkartoffel Falafel-Taler
Japanischer Seitan
Vegane Teigtaschen
Knuspriger Tofu Süß-Sauer
Vegane Röstis
Würzige Sojasteaks
Bunte Grillspieße
Vegane Grillfackeln
Gegrillter Kichererbsenburger
Indische Teigtaschen

Vegane Burger Patties

Portionen: 2 Zubereitung: 35 min

Zutaten

½ Zwiebel
1 EL Pflanzenöl
2 EL geschrotete Leinsamen
1 Knoblauchzehe
2 EL heißes Wasser
35 g Sonnenblumen-hack
60 ml Gemüsebrühe
25 g Hafermehl
200 g Kidneybohnen
1 EL Tomatenmark
Kreuzkümmel
Paprikapulver
Salz
Pfeffer

Zubereitung

1. Schneiden Sie die Zwiebeln in feine Würfel und braten Sie Diese mit etwas Öl in einer Pfanne glasig. Geben Sie anschließend den gehackten Knoblauch hinzu und braten Sie beides noch etwa 2 Minuten an
2. Bedecken Sie die Leinsamen mit 2 EL heißem Wasser und lassen Sie die Samen ziehen
3. Geben Sie nun die heiße Gemüsebrühe über das Sonnenblumenhack und vermischen Sie das Ganze. Lassen Sie das Hack anschließen ebenfalls etwa 10 Minuten ziehen
4. Zerdrücken Sie die Bohnen mit einer Gabel und verrühren Sie für den Teig: Mehl, Bohnen, Sonnenblumenhack, Zwiebeln, Knoblauch, Leinsamen und Tomatenmark bis ein knetbarer Teig entsteht. Würzen Sie den Teig mit Kreuzkümmel, Paprikapulver, Salz und Pfeffer
5. Heizen Sie Ihren Optigrill manuell auf 180 Grad vor
6. Formen Sie aus dem Teig Burger Patties und braten Sie diese etwa 5 Minuten auf Ihrem Optigrill

Süßkartoffel Falafel-Taler

Portionen: 2 Vorbereitung: 40 min Zubereitung: 15 min

Zutaten

110 g Süßkartoffel
1 TL Pflanzenöl
1 Knoblauchzehe
400 g Kichererbsen
½ Zwiebel
20 g Hafermehl
1 EL Tomatenmark
60 g Dosenmais
Kreuzkümmel
Paprikapulver
Chilipulver
1 Handvoll Petersilie
Salz
Pfeffer

Zubereitung

1. Stechen Sie die Süßkartoffel etwas mit einer Gabel ein und geben Sie die Kartoffel anschließend für circa 10 Minuten in die Mikrowelle um sie Vorzugaren
2. Schneiden Sie die Zwiebeln in kleine Würfel und braten Sie diese mit etwas Öl in einer Pfanne glasig. Geben Sie anschließend den gehackten Knoblauch hinzu und braten Sie beides noch etwa 2 Minuten
3. Vermengen Sie nun Hafermehl, zerdrückte Kichererbsen, Zwiebeln und Knoblauch miteinander und würzen Sie die Mischung mit Kreuzkümmel, Paprikapulver, Salz, Pfeffer und Chilipulver. Entfernen Sie das Innere der Süßkartoffel und geben Sie dieses ebenfalls zu der Hafermehl-Mischung und vermengen Sie alles gut mit Mais
4. Lassen Sie den Teig mindestens 30 Minuten ziehen
5. Heizen Sie Ihren Optigrill manuell auf 220 Grad vor und bestreichen Sie Ihn mit etwas Öl
6. Formen Sie gleichgroße Kugeln aus dem Teig und lassen Sie diese 5-10 Minuten grillen

Japanischer Seitan

Portionen: 2 Vorbereitung: 10 min Zubereitung: 10 min

Z u t a t e n

250 g Seitan
2 EL Pflanzenöl
3 EL Hoisin-Sauce
1 EL Sojasauce
1 TL Reiswein
2 EL Reisessig
2 EL Wasser
1 TL Siracha-Sauce
1 Knoblauchzehe
2 TL Ingwerpulver
1 TL Sesamöl
1 TL Zucker

Z u b e r e i t u n g

1. Verrühren Sie für die Marinade: Hoisin-Sauce, Sojasauce, Reiswein, Reisessig, Wasser, Siracha-Sauce und Sesamöl. Würzen Sie die Marinade mit Knoblauch, Ingwer und Zucker
2. Schneiden Sie den Seitan in circa 2 cm dicke Scheiben und legen Sie diese mindestens 1 Stunde in der Marinade ein
3. Heizen Sie Ihren Optigrill manuell auf 220 Grad vor und bestreichen Sie die Platten mit etwas Pflanzenöl
4. Grillen Sie den Seitan nun circa 5-8 Minuten

Vegane Teigtaschen

Portionen: 2 Vorbereitung: 20 min Zubereitung: 10 min

Zutaten

2 Vollkorn Wraps
250 g Sonnenblumenhack
125 ml Gemüsebrühe
2 Schalotten
1 EL Olivenöl
2 Knoblauchzehen

½ Paprika
1 EL Tomatenmark
30 g Spinat
1 Handvoll Petersilie
1 Handvoll veganer Reibekäse

Kreuzkümmel
Paprikapulver
Salz
Pfeffer

Zubereitung

6. Hacken Sie zunächst die Schalotten, die Petersilie und die Knoblauchzehen klein. Würfeln Sie die Paprika
7. Lassen Sie das Hack 10-15 Minuten in der Gemüsebrühe einweichen. Gießen Sie es anschließend ab und lassen Sie es gut abtropfen
8. Erhitzen Sie das Olivenöl in einer Pfanne und schwitzen Sie die Zwiebeln und den Knoblauch an. Geben Sie anschließend Paprika, Tomatenmark, Kreuzkümmel, Paprikapulver und Salz und Pfeffer hinzu. Zuletzt geben Sie das Hack und die Petersilie hinzu
9. Heizen Sie Ihren Optigrill auf der Sandwichstufe vor und belegen Sie die Wraps zur Hälfte mit der Hackmischung und bestreuen Sie Sie mit etwas Käse
10. Klappen Sie die Wraps zu und lassen Sie sie grillen, bis die Orangene Lampe aufleuchtet

Knuspriger Tofu Süß-Sauer

Portionen: 2 Vorbereitung: 20 min Zubereitung: 10 min

Zutaten

300 g Tofu	120 ml Wasser	1 TL Ingwerpulver
3 EL Sojasauce	1 EL Reisessig	1 TL Siracha-Sauce
7 EL Maisstärke	2 Knoblauchzehen	2 EL Tomatenmark
2 EL Pflanzenöl	4 EL Ahornsirup	1 TL Chilipulver

Zubereitung

1. Verrühren Sie zunächst 6 EL Maisstärke und Wasser
2. Braten Sie den gehackten Knoblauch in einem Topf mit etwas Öl kurz an. Geben Sie die Maisstärke und 2 EL Sojasauce, Reisessig, Ahornsirup, Ingwerpulver, Siracha-Sauce, Tomatenmark und Chilipulver hinzu und lassen Sie die Mischung kurz aufkochen
3. Drücken Sie den Tofu gut aus und schneiden Sie ihn anschließend in Würfel
4. Vermengen Sie den Tofu mit 1 EL Maisstärke, 1 EL Sojasauce und 1 EL Öl
5. Heizen Sie Ihren Optigrill manuell auf 220 Grad vor und bestreichen Sie die Platten mit etwas Öl. Lassen Sie die Tofu-Würfel 5-8 Minuten grillen
6. Geben Sie den gegrillten Tofu in die Sauce und servieren Sie den Tofu mit Reis

Vegane Röstis

Portionen: 2 Vorbereitung: 15 min Zubereitung: 15 min
Zubehör: Geschirrtuch

Zutaten

500 g Kartoffeln
30 g Dinkelmehl
1 Zwiebel

1 EL Pflanzenöl
Muskat

Salz
Pfeffer

Zubereitung

1. Reiben Sie die Kartoffeln und geben Sie Sie in das Geschirrtuch, um möglichst viel Flüssigkeit aus den Kartoffeln zu drücken
2. Vermengen Sie die Kartoffeln anschließend mit der gehackten Zwiebel und Dinkelmehl. Würzen Sie die Mischung mit Muskat, Salz und Pfeffer
3. Heizen Sie Ihren Optigrill manuell auf 220 Grad vor und bestreichen Sie die Platten mit etwas Pflanzenöl
4. Formen Sie etwa 7 gleichgroße Kugeln und geben Sie Diese auf Ihren Optigrill. Grillen Sie die Röstis etwa 10 Minuten

Würzige Sojasteaks

Portionen: 2 Vorbereitung: 15 min Zubereitung: 10 min
Marinieren: 45 min

Zutaten

2 Steaks
500 ml Gemüsebrühe
125 ml Ketchup
1 EL Senf
125 ml Barbecue-Sauce
1 TL Apfelessig
1 EL Ahornsirup
Knoblauchpulver
Paprikapulver
Cayennepfeffer
Knoblauchgranulat
Salz
Pfeffer

Zubereitung

1. Lassen Sie die Steaks circa 15 Minuten in der Gemüsebrühe einweichen
2. Vermengen Sie für die Marinade alle restlichen Zutaten und schmecken Sie mit den Gewürzen ab. Die Marinade sollte recht würzig sein
3. Drücken Sie die Steaks mit einem Küchenpapier gut aus. Legen Sie die Sojasteaks anschließend für mindestens 30 Minuten in der Marinade ein
4. Heizen Sie ihren Optigrill auf 220 Grad vor und braten Sie die Steaks goldbraun

Bunte Grillspieße

Portionen: 2 Vorbereitung: 10 min Zubereitung: 10 min
Marinieren: 30 min Zubehör: Spieße

Zutaten

½ Zitrone
2 EL Olivenöl
1 Knoblauchzehe
½ Paprika
½ Zucchini
1 Orange
170 g Räuchertofu
Paprikapulver
Salz
Pfeffer

Zubereitung

1. Vermengen Sie für die Marinade den Saft der Zitrone, Olivenöl, gepressten Knoblauch, Salz, Pfeffer und Paprikapulver
2. Waschen Sie das Gemüse und schneiden Sie Paprika, Zucchini, Tofu und die Orange in etwa gleichgroße Würfel
3. Legen Sie die Zutaten nun mindestens 30 Minuten in der Marinade ein
4. Heizen Sie Ihren Optigrill manuell auf 220 Grad vor
5. Reihen Sie die Zutaten nun abwechselnd auf 4 Spießen auf und grillen Sie diese circa 10 Minuten

Vegane Grillfackeln

Portionen: 2 Vorbereitung: 15 min Zubereitung: 10 min

Zutaten

200 g Seitan
3 EL Tomatenmark
2 TL Hefeflocken
1 EL Pflanzenöl
300 ml Wasser
2 EL Sojasauce
2 EL geräuchertes Paprikapulver
2 TL Gemüsebrühe
1 EL Ahornsirup
1 TL Senf
1 Knoblauchzehe
4 EL Barbecue-Sauce
Salz
Pfeffer

Zubereitung

1. Weichen Sie die Holzspieße etwas in Wasser ein
2. Vermischen Sie 1 EL Tomatenmark, 2 TL Hefeflocken, 1 EL Pflanzenöl, 200 ml Wasser, 1 EL Sojasauce, 1 EL Paprikapulver und 2 TL Gemüsebrühe (Pulver) mit dem Seitan und kneten Sie die Masser gut durch
3. Teilen Sie den Teig in etwa 12 gleichgroße Stücke und formen Sie die Stücke zu einer Wurst, welche Sie anschließend um die Spieße wickeln
4. Für die Marinade können Sie nun Ahornsirup, Senf, Barbecue-Sauce, 2 EL Tomatenmark, 100 ml Wasser und 1 EL Sojasauce vermischen. Würzen Sie das Ganze mit Paprikapulver, Salz, Pfeffer und Knoblauch
5. Legen Sie nun die Spieße mindestens 1 Stunde in der Marinade ein
6. Heizen Sie Ihren Optigrill auf 220 Grad vor und lassen Sie Spieße circa 8-10 min grillen

Gegrillter Kircherbsenburger

Portionen: 2 Vorbereitung: 20 min Zubereitung: 5 min

Z u t a t e n

1 Handvoll Baby-spinat
½ Peperoni
½ Zwiebel
120 g Kichererbsen
2 Champions
1 ½ EL Haferflocken
½ EL Tahini
Olivenöl
Salz
Pfeffer

Z u b e r e i t u n g

1. Waschen Sie den Spinat und schneiden Sie ihn in feine Würfel. Würfeln Sie ebenfalls die Zwiebel, die Pilze und die Peperoni
2. Lassen Sie die Kircherbsen abtropfen und pürieren Sie die Erbsen mit einem Food-Processor oder einem Pürierstab
3. Vermengen Sie die Kichererbse-Masse nun mit dem Spinat, der Zwiebel, der Peperoni, den Pilzen, Haferflocken und Tahini. Würzen Sie mit Salz und Pfeffer
4. Kneten Sie die Masse gut durch und lassen Sie den Teig anschließend circa 15 Minuten ziehen
5. Heizen Sie Ihren Optigrill auf 220 Grad vor und bestreichen Sie die Platten mit etwas Olivenöl. Formen Sie derweil 2 Burgerpatties aus dem Kichererbsenteig
6. Lassen Sie die Patties etwa 3-5 Minuten grillen und servieren Sie sie zusammen mit Burgerbrötchen und Gemüse oder Salat

Indische Teigtaschen

Portionen: 2 Vorbereitung: 40 min Zubereitung: 15 min

Zutaten

125 g Weizenmehl
50 ml Wasser
3 EL Pflanzenöl
150 g Kartoffeln
1 Knoblauchzehen
4 TL Garam Masala
1 TL Ingwerpulver
½ Weiße Zwiebel
40 g Erbsen
40 g Paprika
Paprikapulver
Kreuzkümmel
Salz
Pfeffer

Zubereitung

1. Mischen Sie das Mehl mit 1 TL Salz und geben Sie 50 ml kaltes Wasser und 2 EL Pflanzenöl hinzu. Kneten Sie den Teig etwa 5 Minuten gut durch. Wickeln Sie den Teig anschließend in Frischhaltefolie und lassen Sie Ihn mindestens 1 Stunde im Kühlschrank ruhen
2. Um die Füllung zuzubereiten sollten Sie die Kartoffeln würfeln und in Salzwasser garen. Zerdrücken Sie die Kartoffeln anschließend und lassen Sie sie abkühlen
3. Würfeln Sie die Zwiebel und braten Sie die Zwiebel kurz in einer Pfanne an. Geben Sie anschließend den Knoblauch und die Gewürze hinzu und lassen Sie alles noch etwa 2 Minuten braten. Geben Sie nun die Kartoffeln, die Erbsen und die gewürfelte Paprika hinzu und würzen Sie mit Salz und Pfeffer
4. Schneiden Sie den Teig in 4 gleichgroße Stücke und formen Sie Kreise, welche Sie dann in zwei Teile schneiden. Belegen Sie eine Hälfte mit 2 EL der Füllung und klappen Sie die andere Hälfte drüber. Befestigen Sie die Ränder mit den Fingern und nehmen Sie etwas Wasser zur Hilfe
5. Heizen Sie Ihren Optigrill auf 220 Grad vor und Lassen Sie die mit Öl bestrichenen Teigtaschen circa 5 Minuten grillen

Köstliche Desserts

Entgegen dem Glauben, dass man beim Grillen nur herzhafte Gerichte zubereiten kann, finden Sie in diesem Abschnitt viele verschiedene Dessertideen, die Sie mit dem Optigrill zubereiten können.

Leckere Grilldesserts

Köstliche Desserts

Blaubeerwaffeln
Gegrillte Apfelringe
Süßes French Toast
Gegrillter Pfirsich mit Vanilleeis *[EMPFEHLUNG]*
Käsekuchen im Waffeleisen
Apfel-Zimt Wrap
Vanille-Waffeln
American Pancakes
Hawaiianischer Wrap
Gegrillter Obstsalat *[EMPFEHLUNG]*
Obstspieß vom Grill
Original belgische Waffeln

Blaubeerwaffeln

Portionen: 2 Vorbereitung: 10 min Zubereitung: 5 min
Zubehör: Waffelplatte

Zutaten

50 g Blaubeeren
2 Eier
125 ml Milch
60 g Butter
50 g Zucker
125 g Weizenmehl
2 TL Backpulver
125 ml Buttermilch
3 TL Vanillezucker

Zubereitung

1. Verrühren Sie zunächst die Butter und den Zucker zu einer schaumigen Masse
2. Geben Sie nun die Eier, Vanillezucker, Mehl und Backpulver hinzu. Verrühren Sie alles einige Minuten und geben Sie dann die Buttermilch hinzu
3. Heben Sie die Blaubeeren vorsichtig unter den Teig
4. Heizen Sie Ihren Optigrill manuell auf 220 Grad vor und setzten Sie die Waffelplatte ein
5. Geben Sie den Teig in die Waffelplatte, schließen Sie den Optigrill und lassen Sie die Waffeln circa 3 Minuten backen

Gegrillte Apfelringe

Portionen: 2 Vorbereitung: 10 min Zubereitung: 10 min

Zutaten

1 Apfel
1 Schuss Zitronensaft
1 TL Zimt
3 TL Honig
3 TL Zucker
1 EL Pflanzenöl

Zubereitung

1. Schälen und entkernen Sie zunächst die Äpfel. Schneiden Sie nun die Äpfel in etwa 3 cm dicke Ringe
2. Geben Sie auf jeden Ring einen Schuss Zitronensaft und bestreichen Sie Sie mit etwas Pflanzenöl. Anschließend können Sie die Äpfel noch mit Zimt und Zucker bestreuen und mit etwas Honig beträufeln
3. Heizen Sie ihren Optigrill manuell auf 180 Grad vor und legen Sie die Apfelringe etwa 5 Minuten auf den Grill, bis sie karamellisiert sind

Süßes French Toast

Portionen: 2 Vorbereitung: 5 min Zubereitung: 5 min

Zutaten

4 Scheiben Weißbrot
2 EL Schokoladen-Creme
1 Ei
150 ml Milch
½ Banane
1 EL Butter

Zubereitung

1. Bestreichen Sie zwei Weißbrotscheiben mit der Schokoladencreme und belegen Sie sie anschließend mit Bananenscheiben. Schließen Sie die Sandwiches mit einer weiteren Scheibe Brot
2. Verquirlen Sie Ei und Milch und wenden Sie das Brot in der Mischung
3. Heizen Sie Ihren Optigrill auf der Sandwichstufe vor und bestreichen Sie die Platten mit etwas Butter. Geben Sie den Toast in den Grill, bis die orangene Lampe aufleuchtet

Gegrillter Pfirsich mit Vanilleeis

Portionen: 2 Vorbereitung: 5 min Zubereitung: 5 min

Z u t a t e n

2 Pfirsich

4 EL Vanilleeis

Ahornsirup

Z u b e r e i t u n g

1. Halbieren und entkernen Sie den Pfirsich. Schneiden Sie den Boden der Hälften ab, sodass der Pfirsich sicher stehen kann
2. Bestreichen Sie die Oberseite des Pfirsichs mit etwas Ahornsirup, sodass diese im Grill leicht karamellisiert
3. Heizen Sie Ihren Optigrill manuell auf 180 Grad vor
4. Geben Sie den Pfirsich mit der Schnittfläche auf die Grillplatte und lassen Sie Ihn für etwa 4 Minuten grillen
5. Geben Sie eine Kugelvanille Eis in jede Pfirsichhälfte und genießen Sie die süße Nachspeise

Käsekuchen im Waffeleisen

Portionen: 2 Vorbereitung: 10 min Zubereitung: 5 min
Zubehör: Waffelplatte

Zutaten

225 g Frischkäse
3 TL Zitronensaft
50 g Zucker
2 Eier
25 g Vollkornmehl
½ Pck. Vanillezucker
1 Prise Salz

Zubereitung

1. Verrühren Sie Frischkäse, Zitronensaft und Ei mit dem Handrührgerät
2. Geben Sie anschließend Zucker, Vanillezucker, Mehl und 1 Prise Salz hinzu und rühren Sie alles zu einem glatten Teig
3. Heizen Sie Ihren Optigrill manuell auf 220 Grad vor und setzten Sie die Waffelplatte ein
4. Geben Sie den Teig auf die Waffelplatte, schließen Sie den Optigrill und lassen Sie die Waffeln etwa 4 Minuten backen

Apfel-Zimt Wrap

Portionen: 2 Vorbereitung: 5 min Zubereitung: 5 min

Zubehör: Zahnstocher

Zutaten

2 Weizentortillas
4 EL Frischkäse
1 Apfel
1 TL Zucker
1 TL Zimt
Pflanzenöl

Zubereitung

1. Schälen und entkernen Sie die Äpfel und schneiden Sie sie in dünne Scheiben
2. Bestreichen Sie die Tortillas mit dem Frischkäse und belegen Sie die Wraps mit den Apfel Scheiben
3. Bestreuen Sie das Ganze mit reichlich Zimt und Zucker
4. Heizen Sie Ihren Optigrill auf der Sandwichstufe vor
5. Rollen Sie die Wraps ein und fixieren Sie sie mit einem Zahnstocher
6. Geben Sie die Wraps auf den Grill, bis die gelbe Lampe aufleuchtet

Vanille-Waffeln

Portionen: 2 Vorbereitung: 5 min Zubereitung: 5 min
Zubehör: Waffelplatte

Z u t a t e n

125 g Vanillequark
150 g Weizenmehl
15 g Butter
100 ml Milch
1 großes Ei
1 Pck. Vanillezucker
½ Pck. Backpulver

Z u b e r e i t u n g

1. Verrühren Sie Mich, Eier, Vanillequark und Butter mit dem Handrührgerät
2. Geben Sie anschließend Mehl, Backpulver und Vanillezucker hinzu und verrühren Sie das Ganze noch einige Minuten
3. Setzten Sie die Waffelplatte in Ihren Optigrill ein und heizen Sie den Grill manuell auf 220 Grad vor
4. Geben Sie den Teig auf die Waffelplatte und backen Sie die Waffeln etwa 4 Minuten bei geschlossenem Deckel

American Pancakes

Portionen: 2 Vorbereitung: 10 min Zubereitung: 10 min

Zutaten

100 g Weizenmehl
70 ml Milch
1 Ei
30 g Zucker
½ Pck. Backpulver
1 Prise Salz

Zubereitung

1. Verquirlen Sie zunächst die Eier und die Milch und geben Sie anschließend die trockenen Zutaten hinzu
2. Verrühren Sie die Zutaten, bis ein glatter Teig entstehet
3. Lassen Sie den Teig etwa 10 Minuten ruhen
4. Heizen Sie Ihren Optigrill auf 220 Grad vor und geben Sie etwa einen Löffel Teig auf die Platte. Schließen Sie den Grill nicht
5. Wenden Sie die Pancakes nach etwa 2-3 Minuten und braten Sie sie noch etwa 1 Minute von der anderen Seite

Hawaiianischer Wrap

Portionen: 2 Vorbereitung: 5 min Zubereitung: 5 min

Zutaten

2 Weizentortillas

200 g Hüttenkäse

300 g Ananas

Zubereitung

1. Bestreichen Sie die Weizentortillas mit Hüttenkäse
2. Schneiden Sie die Ananas in gleichgroße Würfel
3. Belegen Sie die Tortillas mit der Ananas
4. Heizen Sie Ihren Optigrill auf der Sandwichstufe vor und grillen Sie des Wraps, bis die Orangene Lampe aufleuchtet

Gegrillter Obstsalat

Portionen: 2 Vorbereitung: 20 min Zubereitung: 5 min
Marineren: 1 ½ h

Zutaten

2 Mandarinen
½ Ananas
½ Honigmelone
200 g Erdbeeren
2 Äpfel
150 g Butter
1 TL frischer Ingwer
1 EL Ingwersirup
2 Orangen

Zubereitung

1. Schmelzen Sie die Butter in einem Topf. Geben Sie den Ingwer und den Ingwersirup hinzu. Reduzieren Sie die Hitze und geben Sie nun den Saft der Orangen hinzu
2. Schneiden Sie das Obst in mundgerechte Stücke und geben Sie die Marinade über das Obst
3. Lassen Sie das ganze nun mindestens 1 ½ Stunden ziehen
4. Heizen Sie Ihren Grill manuell auf 180 Grad vor und grillen Sie das Obst, bis es leicht karamellisiert, etwa 5 Minuten

Obstspieß vom Grill

Portionen: 2 Vorbereitung: 15 min Zubereitung: 10 min
Marinieren: 30 min Zubehör: Spieße

Z u t a t e n

1 EL Honig
50 g Sauerkirschen
1 Apfel
125 g Erdbeeren
½ Banane
½ Zitrone
2 EL Schlagsahne

Z u b e r e i t u n g

1. Waschen Sie das Obst und schneiden Sie es in Mundgerechte Stücke
2. Reihen Sie das Obst abwechselnd auf die Spieße auf
3. Vermengen Sie Honig und den Saft der Zitrone und bestreichen Sie die Spieße mit der Mischung
4. Nun sollten Sie die Spieße mindestens 30 Minuten marinieren lass
5. Heizen Sie Ihren Optigrill manuell auf 180 Grad vor und lassen Sie die Spieße etwa 3-5 Minuten grillen
6. Servieren Sie die Obstspieße mit jeweils einem EL Schlagsahne

Original belgische Waffeln

Portionen: 2 Vorbereitung: 15 min Zubereitung: 10 min
Ruhen: 1 h Zubehör: Waffelplatten

Z u t a t e n

1 Ei
½ Würfel Hefe
125 ml Milch
20 g Butter
125 g Weizenmehl
½ Pck. Vanillezucker
25 g Zucker
1 Prise Salz

Z u b e r e i t u n g

1. Erwärmen Sie zunächst die Milch und bröseln Sie die Hefe hinein. Rühren Sie so lange bis sich der Hefe Würfel vollständig aufgelöst hat
2. Vermengen Sie nun Mehl, Vanillezucker, Zucker und Salz. Geben Sie anschließend die Milch zu den trockenen Zutaten und verrühren Sie alles zu einem glatten Teig
3. Decken Sie den Teig ab und lassen Sie ihn mindestens 1 Stunde gehen
4. Schmelzen Sie die Butter und lassen Sie sie anschließend abkühlen. Vermengen Sie nun den Hefeteig mit der zerlassenen Butter und dem Ei
5. Heizen Sie Ihren Optigrill manuell auf 220 Grad vor und setzten Sie die Waffelplatten ein
6. Geben Sie den Teig auf den Grill und lassen Sie die Waffeln etwa 3 Minuten, bei geschlossenem Deckel backen
7.

Leckere Saucen

Was wäre das perfekt gegrillte Steak oder das perfekt gegrillte Lachsfilet ohne eine köstliche Sauce? In diesem Kapitel finden Sie einige sehr leckere Saucenrezepte, die Sie für alle Speisen verwenden können. Dabei finden Sie Saucen die gut zu Fisch passen, wie beispielsweise die klassische Dillsauce und Saucen, die gut zu Fleisch passen, wie beispielsweise die Barbecue Sauce.

Perfekt zum Grillen

Leckere Saucen

Klassische Dillsauce
Kräftige Rotweinsauce
Cocktailsauce
Rauchige Barbecue Sauce
Fruchtige Barbecue Sauce

Klassische Dill-Sauce

Portionen: 2-4 Vorbereitung: 5 min Zubereitung: 15 min

Z u t a t e n

1 Schalotte
1 EL Vollkornmehl
1 EL Butter
150 ml Milch
100 ml Gemüsebrühe
½ TL Senf
1 EL Crème fraîche
½ TL Honig
½ Bund Dill
Salz
Pfeffer

Z u b e r e i t u n g

1. Schneiden Sie die Schalotten zunächst in feine Würfel und dünsten Sie sie in zerlassener Butter an
2. Geben Sie nun vorsichtig das Mehl hinzu und lassen Sie es kurz mit dünsten. Löschen Sie die Mischung mit der Gemüsebrühe ab und lassen Sie die Sauce unter Rühren noch 1-2 Minuten köcheln
3. Geben Sie anschließend Senf, Milch und Crème fraîche hinzu. Würzen Sie die Sauce mit Salz, Honig und Pfeffer
4. Schneiden Sie zuletzt den Dill fein und geben Sie Ihn in die Sauce
5. Servieren Sie die Sauce zu Fisch und Meeresfrüchten

Kräftige Rotweinsauce

Portionen: 2-4 | Vorbereitung: 5 min | Zubereitung: 15 min

Zutaten

1 Schalotte
1 TL Zucker
1 TL Butter
3 TL Tomatenmark
70 ml Rotwein
175 ml Kalbsfond
1 Knoblauchzehe
1 Zweig Thymian
Salz
Pfeffer

Zubereitung

1. Dünsten Sie die fein gewürfelten Schalotten zunächst in etwas Butter an
2. Geben Sie anschließend Pfeffer, Zucker und Tomatenmark hinzu und dünsten Sie alles 4-5 Minuten an
3. Löschen Sie das Ganze Schrittweise mit Rotwein ab und lassen Sie den Wein nach jeder Zugabe kurz einkochen
4. Anschließend können Sie den Kalbsfond hinzugeben und mit Knoblauch, Thymian, Salz und Pfeffer würzen
5. Lassen Sie die Sauce noch etwa 10 Minuten köcheln und geben Sie zum Schluss 1 EL Butter unter die Sauce
6. Servieren Sie die Sauce zu Steak und Wild

Cocktailsauce

Portionen: 2-4   Zubereitung: 5 min

Zutaten

150 g Mayonnaise
150 g Ketchup
2 TL Weinbrand
2 TL Senf
1 TL Honig
Paprikapulver rosenscharf
Paprikapulver geräuchert
Salz
Pfeffer

Zubereitung

1. Vermengen Sie zunächst Ketchup, Mayonnaise und Senf miteinander
2. Geben Sie nun Weinbrand und Honig hinzu und verrühren Sie das Ganze zu einer glatten Masse
3. Würzen Sie je nach Geschmack mit Paprikapulver, Salz und Pfeffer
4. Servieren Sie die Cocktailsauce zu Sandwiches, Wraps oder Meeresfrüchten

Rauchige Barbecue Sauce

Portionen: 2-4   Zubereitung: 45 min

Zutaten

375 ml Tomatenketchup
½ Schalotte oder Zwiebel
50 g brauner Zucker
50 ml Balsamico Essig (dunkel)
Zitrone
1 EL Senf (mittelscharf)
Tabasco
Rauchsalz und Pfeffer

Zubereitung

1. Schälen Sie die Schalotte und hacken Sie sie klein.
2. Geben Sie die Schalottenwürfel nun mit dem Ketchup, braunen Zucker, Balsamico Essig, 1 EL Zitronensaft, Senf, Salz, Pfeffer und einigen Spritzern Tabasco in einen Topf.
3. Kochen Sie das das Ganze einmal auf und lassen Sie es dann für circa 30-40 Minuten köcheln.

Anmerkung: Sie können die heiße Sauce in saubere Gläser geben und gut verschließen. Wenn Sie diese nun kühl und dunkel lagern, hält sich die Sauce für mindestens einige Wochen.

Fruchtige Barbecue Sauce

Portionen: 2-4 Zubereitung: 25 min

Zutaten

250 ml Tomatenketchup
150 g Ananas
80 g Speck
1 Schalotte oder Zwiebel
5 EL Ahornsirup
3 EL Worcestersauße
2 Orangen
Butter
Rauchsalz und Pfeffer

Zubereitung

1. Schneiden Sie den Speck in feine Würfel und braten Sie ihn bei mittlerer Temperatur (Stufe 5 von 9) mit etwas Butter in einer Pfanne an.
2. Schälen und hacken Sie die Schalotte klein und geben Sie sie nach einigen Minuten mit in die Pfanne. Braten Sie das Ganze circa 1-2 Minuten weiter.
3. Schneiden Sie die Ananas klein und pressen Sie den Saft aus den Orangen und geben Sie beides mit dem Ketchup, Ahornsirup, Salz, Pfeffer und Worcestersauße mit in die Pfanne.
4. Lassen Sie das Ganze einmal aufkochen und dann für circa 15 Minuten köcheln.
5. Nun lassen Sie die Sauce durch ein Sieb laufen. Streichen Sie mehrmals über das Sieb, um den Saft aus allen Zutaten zu entnehmen.

Impressum

Steffen Lagemeister wird vertreten durch:
Ogulcan Alkan
Münsterstraße 42
52076 Aachen

1. Auflage, 2021
Kontakt: Business-Ogulcan@web.de
Coverfoto: www.depositphotos.com
Covergestaltung: www.fiverr.com

Haftungsausschluss

Die Umsetzung aller enthaltenen Informationen, Anleitungen und Strategien dieses Buches ist auf eigene Gefahr. Für jeglichen Schaden kann der Autor aus keinem Rechtsgrund eine Haftung übernehmen. Haftungsansprüche gegen den Autor für Schäden materieller oder ideeller Art, die durch die Nutzung oder Nichtnutzung der Informationen bzw. durch die Nutzung fehlerhafter und/oder unvollständiger Informationen verursacht wurden, sind grundsätzlich ausgeschlossen. Rechts- und Schadenersatzansprüche sind daher ausgeschlossen. Das Werk inklusive aller Inhalte wurde unter größter Sorgfalt erarbeitet. Der Autor übernimmt keine Haftung für die Aktualität, Richtigkeit und Vollständigkeit der Inhalte des Buches, ebenso nicht für Druckfehler. Es kann keine juristische Verantwortung sowie Haftung in irgendeiner Form für fehlerhafte Angaben und daraus entstandenen Folgen vom Autor übernommen werden.

Urheberrechtsschutz

Printed by Amazon Italia Logistica S.r.l.
Torrazza Piemonte (TO), Italy

34621020R00060